# 古文書をはじめる前の準備講座

吉田 豊

柏書房

# はじめに

還暦に達する年頃になって、今後の人生目標を模索しておられる方々にこの本をご提供いたします。

私は定年後に独学で古文書を読む勉強を始めました。文学・歴史に興味があったせいか、江戸期の庶民向けの版本《はんぽん》（木版刷りの本）を買ってきて読み続け、十年ほどで易しい文書は読めるようになりました。この体験を古文書に興味がある方々にお知らせして、参考になれば幸いと思い、今までに数冊の古文書入門書を著作してきました。

私は昭和八年生まれでありますから、団塊の世代からはほぼ一回り先輩になりましょう。中学一年で終戦、軍国調の文章に墨をぬられた教科書は、旧漢字・旧仮名遣いでした。ですから、戦後生まれ、常用漢字・新仮名遣いで育った団塊の方々よりも古文書解読の基礎条件には恵まれています。

古文書の勉強をするにあたって、初めから古文書の現物（影印）に向かい一字ずつ読み解くやり方があって、私たち戦前派はもっぱらこの方法で教わってきたのですが、これは旧体制の素養の上に成り立つものと考えます。戦後生まれの方々が古文書に取り組むにあたっては、旧漢字・仮名遣い・漢文・古い言いまわしなどに馴れる訓練が欠かせません。現在、中学国語で古典・漢文を学び、高校ではさらにその教養を高めるのでありますが、社会人となり定年を迎えるまで仕事一筋だった方には、まず活字文での読み解きを復習し、それから古文書の世界への足がかりをつけることをお勧めします。

二〇〇八年五月

吉田　豊

古文書をはじめる前の準備講座——目　次

# 序――古文書学習をはじめる前に

古文書学習の見地から「書きとどめる」、または「書きとどめたものを手紙や出版物とする」様態を歴史的に区分すれば、次の四期に分けられると思います。区分ごとの名称には異論があるかと思いますが、私なりの捉えかたにしました。

## 第一期◆古文書時代（〜明治維新1868まで）

古代から近世末までの、筆字《ふでじ》（手書き）・版本《はんぽん》（木版刷りの本）の時代。書体は一般的に草書体です。かなは、今日「変体仮名」と呼ばれる多数のかなが使用されました（以下この本では「江戸かな」と呼ぶこととします）。

古文書学習の対象となる時代の総称として「古文書時代」としましたが、市民の生涯教育の学習対象となっているのは、中世および近世の古文書が多いです。

## 第二期◆文明開化期（明治維新１８６８から明治三三年１９００まで）

明治の文化革命（明治維新）により、活字・活版の時代に変革しました。かなの使用は従来同様でしたが、新聞や活字本が急速に民間に普及するのにともなって、徐々に一音一字に移行していきます。

しかし、公文書の原義や公私の書簡などでは毛筆使用が続きました。このため、この期も古文書学習の対象となります。

この期生まれの方は、今や絶無に近いでしょう。

## 第三期◆戦前期（明治三三年１９００から昭和二〇年１９４５まで）

文部省は、明治三三年に「小学校令施行規則」をもって、五十音図を示して、かなの一字一音使用を定めました。

かなの使用は簡略化されましたが、いわゆる旧字体の漢字（旧漢字）および歴史的仮名遣い（以下この本では「旧仮名遣い」といいます）は踏襲されました。

この時期は、昭和二〇年の太平洋戦争終結（敗戦）まで続きますが、現在六三歳以上の世代が生まれ育った時代でもあります。戦前に学校教育を受けられた方は、候文や漢文の素養があり、古文書にも親しみやすいといえるでしょう。

## 第四期◆戦後・平成期（1945〜現在）

昭和の文化革命とも言うべき、敗戦にともなう新しい日本国が誕生し、常用漢字と現代仮名遣いを使用することに改められました。また、義務教育における古典や漢文の履修は大幅に後退しました。

この世代が古文書に精通するには格段の努力を要します。すなわち遡って戦前期世代の能力を習得してから、さらに遡って古文書に挑戦する段取りになるものと思われるからです。

この本は、戦後・平成期生まれの方を主な対象として編集した古文書学習書です。従来の古文書学習は、指導者・学習者ともに戦前期の素養を基礎として行なわれてきました。私は、かなの読み書きに始まる寺子屋式の古文書学習法を提案し（『寺子屋式古文書手習い』〈柏書房、一九九七年〉）、それなりに同意を頂いていると存じますが、私自身昭和一けた生まれの戦前派のため、戦後・平成期の方に対する配慮に欠けていたことを反省しております。

戦後・平成期世代に向けた、理解しやすい古文書学習の手引きを創るために悩んでいた時、テレビの「終戦憂国対談、石原慎太郎・櫻井よしこ」（平成一六年八月一五日、フジテレビ）が放映され、「歴史教育は、現代から近代へ、さらに近世へと逆順に教えるべし」で二人が同意しあったのに私は動かされました。古文書学習も同じだと覚った次第であります。

この本でも同様に、時代を遡って古文書に到達するような勉強法を組みあげてみました。すなわち、戦後・平成期（第四期・現代）から逆順に戦前期（第三期）、文明開化期（第二期）まで遡るあいだは、筆書きの文書を離れ、活字文により旧字体・漢字・旧かなづかい・江戸かな・候文・漢文体などを学びます。

古文書の基礎を活字で学んだ後で、目標の古文書時代（第一期）に進むことになります。

筆書きの古文書に接するまでが、回りくどいと思われる方もいらっしゃるでしょう。しかし、戦後・平成期生まれの方を鮭や鮎にたとえて見れば、歴史の川を遡る先には、二つの大きな滝（昭和の文化革命と明治維新）があって、これをひとっ飛びに源流まで飛び越すことは出来ません。

今や「字を書く」のではなく、「キーボードで文を作る」時代に、前世代生まれの私の考えが適合するのかどうか悩んだ末に、たたき台として提案いたしました。ご意見を頂けますならば幸甚に存じます。

# 第一部

# 復習　国語教科書

# 第一章

## 平成の中学教科書を読んでみよう

古文書学習の入門にあたり、まずは中学生にもどって国語教科書を開いてみましょう。中学校では国語の教科で古典と漢文をほんのちょっと学びます。学習指導の目的は『中学校国語1』(光村図書、平成二年)によれば、

古典……古典の文章(文語文)に読み慣れる
　現代の文章と文語文との違いに気づく
漢文……故事成語を理解する
　漢文特有の言い回しに注意して読み慣れる

とあります。まずは、この趣旨を体して以下の文章を読んでみましょう。文語文ですから旧仮名遣いで書かれていますが、漢字の字体は常用漢字になっています。

郵便はがき

料金受取人払郵便

本郷支店承認

2871

差出有効期間
平成24年3月
9日まで

1 1 3-8 7 9 0

東京都文京区本駒込

1－13－14

# 柏書房

編集部「古文書」係　行

| お名前 | (フリガナ) | 性別 | 年齢 |
|---|---|---|---|
| | | 男・女 | |
| ご住所 | 都・道<br>府・県 | | |
| 郵便番号 | | 電話番号 | |
| Eメール | | | |

本のタイトル

読者の皆様とごいっしょに、古文書学習のための新しい企画を作っていきたいと考えております。以下は、お差し支えなければご記入ください。

①本書についてご回答下さい。

内　容（難しい　普通　やさしい）

利便性（使いやすい　普通　使いにくい）

価　格（高い　普通　安い）

②ご意見・ご感想、お読みになりたい企画など、ご自由にお書きください。

③古文書の学習にあたって初めてご購入された書籍および字典は何でしたか。また、現在は何をご利用ですか。

書籍名（　　　　　　　　　　　　　　　　　　　　　　　　　　）

字典名（初めて　　　　　　　　　現在　　　　　　　　　　　　）

④普段の学習では、おもに何をテキストとしてご使用ですか。

（書籍名・史料名など　　　　　　　　　　　　　　　　　　　　）

⑤現在、ご所属のサークルや同好会について、ご支障のない範囲でお答えください。

（サークル・同好会名　　　　　　　　　　　　　　　　　　　　）

（実施場所　　　　　　　　　　　　　　　　　　　　　　　　　）

（代表者名　　　　　　　　　　お電話番号　　　　　　　　　　）

⑥サークルや同好会の活動についてお聞かせください。

年に（　　）回、月に（　　）回、その他（独学など　　　　　　）

⑦小社の古文書学習書案内や新刊案内のご送付をご希望される方は□にチェックしてください。

（□希望する　　□希望しない）

■柏書房 愛読書カードへのご協力、ありがとうございました

## 1　『平家物語』敦盛の最期を読む

（『現代の国語2』三省堂、平成一三年）

一《いち》の谷《たに》の戦に破れ、船に乗って逃げようとして馬を海へ乗り入れた平家の公達《きんだち》。これを見つけた源氏の武将、熊谷次郎直実《くまがえのじろうなおざね》が呼びかける。

熊谷、「あれは大将軍とこそ見まゐらせ[1]候《さうら》へ[2]。まさなうも[3]敵《かたき》に後ろを見せさせたまふ[4]ものかな。返させたまへ[5]。」と扇《あふぎ》[6]を上げて招きければ、招かれてとって[7]返す。みぎは[8]に打ち上がらんとするところに、押し並べてむずと組んでどう

◆1・2…現代仮名遣い・読み方の表示

1…まいらせ
2…そうらえ
3…正無うも（ひきょうにも）
4…たまう（給う）
5…たまえ（給え）
6…おうぎ
7…とって
8…みぎわ（汀）

ど落ち、[7]とって[9]押さへて首をかかんと、かぶとを押し[10]あふのけて見ければ、年十六、七ばかりなるが、[11]薄化粧《うすげしやう》して、[※1]かね黒なり。わが子の[12]小次郎《こじらう》が[13]よはひほどにて、容顔まことに美麗《びれい》なりければ、[14]いづくに刀を立つべしともおぼえず。

「そもそもいかなる人にてましまし[15]候《さうら》ふぞ。名のらせ[5]たまへ。助け[1]まゐらせん。」と申せば、

「[16]なんぢは[※2]たそ。」と[17]問ひ[4]たまふ。

「[※3]ものその者で[18]候はねども、武蔵《むさし》の国《くに》の住

9…押さえて
10…あおのけて（仰のけて）
11…うすげしょう
12…こじろう
13…よわい（齢）
14…いずくに（＝どこに）
15…そうろう
16…なんじ
17…問い
18…候わねども
※1…お歯黒のこと
※2…誰ぞ＝誰だ
※3…ものの数に入る者ではないが

人、熊谷《くまがへの》[19]次郎直実《じらうなほざね》。」と名のり申す。

「さては、なんぢ[16]にあうては名のるまじいぞ。なんぢ[16]がためにはよい敵《かたき》ぞ。名のらずとも首を取って人に問へ[20]。見知らう[21]ずるぞ。」とぞのたまひ[22]ける。

熊谷、

「あつぱれ、大将軍《たいしやうぐん》[23]や。この人一人《いちにん》討《う》ちたてまつたりとも、負くべき戦《いくさ》に勝つべきやう[24]もなし。また討ちたてまつらずとも、勝つべき戦に負くることもよもあらじ[※4]。小次郎《こじらう》[12]が薄

19…じろうなおざね
20…問え
21…見知ろう
22…のたまい
23…だいしょうぐん
24…よう（様）
※4…まさかあるまい

[25]手負ひたるをだに[※5]、直実は心苦しうこそ思ふ[26]に、この殿《との》の父、討たれぬと聞いて、いかばかりか嘆《なげ》[※6]き[27]たまはんずらん。[28]あはれ、[※7]助けたてまつらばや。」と[29]思ひて、後ろをきつと見ければ、[30]土肥《とひ》・[31]梶原《かぢはら》五十騎ばかりで続いたり。

熊谷涙を[32]おさへて申しけるは、

「助けま[1]ゐらせんとは存じ[2]候へども、味方の[33]軍兵《ぐんびやう》雲霞《うんか》のごとく[15]候ふ。よも逃れさせ[34]たまはじ。人手にかけま[1]ゐらせんより、同じくは、[19]直実《なほざね》が手にかけま[1]ゐらせて、[※8]のちの[35]御孝《おんけう》

25…手負い
26…思う
27…たまわん（給わん）
28…あわれ（哀れ。ここでは感嘆語「ああ」）
29…思い
30…とい（どい）
31…かじわら
32…おさえて（押さえて）
33…ぐんびょう
34…たまわじ（給わじ）
※5……〜てさえ
※6…お嘆きなさることだろう
※7…お助けしたい
※8…後の御供養

養《やう》をこそつかまつり[36]候《さうら》はめ。」と申しければ、「ただ、[※9]とくとく首を取れ。」とぞ[22]のたまひける。

熊谷《くまがへ》あまりに[37]いとほしくて、[14]いづくに刀を立つべしともおぼえず、目もくれ心も消え果てて、前後不覚におぼえけれども、[※10]さてしもあるべきことならねば、泣く泣く首をかいてんげる。

「[28]あはれ、弓矢取る身ほど口惜しかりけるものはなし。武芸の家に生まれずは、なにと

35…おんこうよう
36…そうらわめ
37…いとおしく
※9…疾く疾く＝早く、お急ぎで
※10…そうもばかりはしてられないので

てかかるうき目をば見るべき。[38]情けなうも討《う》ちたてまつるものかな。」と[※11]かきくどき、そでを顔に押し当ててさめざめとぞ泣き[39]ゐたる。

やや[40]久しうあつて、さてもあるべきならねば、[41]よろひ直垂《びたたれ》をとつて首を包まんとしけるに、錦《にしき》の袋に入れたる笛をぞ腰に差されたる。「[※12]あない[37]とほし、この暁《あかつき》、[42]城《じやう》の内にて[43]管《くわん》絃《げん》し[44]たまひつるは、この人々にて[45]おはしけり。当時味方に、東国の勢何万騎《ぎ》かあるらめども、戦《いくさ》の陣《じん》へ笛持つ人はよもあらじ。[46][※13]上臈《じやうらふ》は[47]なほ

38…情けのうも
39…いたる
40…久しゅう
41…よろい（鎧）
42…じょう
43…かんげん
44…たまい（給い）
45…おわし
46…じょうろう
47…なお

※11…掻き口説き＝繰り返し嘆いて
※12…ああ
※13…身分の高い人

も[※14]やさしかりけり。」とて、[※15]九郎《くらう》[48] 御曹司《おんざうし》[49]の見《げん》参《ざん》に入れたりければ、これを見る人涙を流さずといふ[50]ことなし。

のちに聞けば、修理大夫《しゆりのだいぶ》経盛《つねもり》の子息に大夫《だいぶ》敦盛《あつもり》とて、生年《しやうねん》[51]十七にぞなられける。それよりしてこそ熊谷《くまがへ》が発心[※16]の思ひ[29]はすすみけれ。

48…くろう
49…おんぞうし
50…いう（言う）
51…しょうねん

※14…優しかりけり＝優雅に思う
※15…源九郎義経
※16…出家（読みは「ほっしん」）

## 2 『奥の細道』を読む

（『現代の国語3』三省堂、平成一三年）

次いで、松尾芭蕉の『奥の細道』の冒頭部分を読んでみましょう。

月日は百代《はくたい》の過客《くわかく》[1]にして、行き交ふ[2]年もまた旅人なり。舟の上に生涯を浮かべ、馬の口とらへて[3]老いを迎ふる[4]者は、日々旅にして旅をすみかとす。古人も多く旅に死せるあり。予もいづれの年よりか、片雲の風に誘はれて[5]、漂泊の思ひ[6]やまず、海浜にさすらへて[7]、去《こ》年《ぞ》の秋、江上《かうしやう》[8]の破屋にくもの古巣を払ひて[9]、

◆1・2…現代仮名遣いによる表示

1…かかく
2…行き交う
3…とらえて
4…迎うる
5…誘われて
6…思い
7…さすらえて
8…こうじょう（隅田川のこと）

やや年も暮れ、春立てるかすみの空に、白河《しらかは》[10]の関《せき》越えむと、そぞろ神《がみ》の物につきて心を狂《くる》はせ[11]、道祖神の招きに会ひて[12]、取るもの手につかず。もも引きの破れをつづり、かさの緒付け替へて[13]、三里に灸《きう》[14]据《す》ゆるより、松島の月まづ心にかかりて、住めるかたは人に譲りて、杉風《さんぷう》が別墅《べつしよ》に移るに、

草の戸も住み替はる[15]代《よ》ぞひなの家

面《おもて》八句を庵《いほり》[16]の柱に懸け置く。

9…払いて
10…しらかわ
11…狂わせ
12…会いて
13…替えて
14…きゅう
15…替わる
16…いおり

## 3 孔子の『論語』を読む

（『国語3』光村図書、平成五年）

子曰《い》[※1][1]はく、「学びて思[2]はざれば則《すなわ》[3]ち罔《くら》し。思[4]ひて学ばざれば則ち殆《あやふ》[5]し。」

子曰《ハク》[1]、「学《ビテ》而不《ざレバ》レ思[2]則《ハチ》罔《シ》。思《ヒテ》[4]而不《レバ》レ学則《バチ》殆《シ》。」（為政《ゐせい》[6]）

子曰[1]はく、「己の欲《ほっ》せざるところは、人に施すことなかれ。」

子曰《ハク》[1]、「己《ノ》所《ハ》レ不《ル》レ欲《セ》、勿《なカレ》レ施《スコト》二於人《ニ》一。」（顔淵《がんえん》）

◆1・2…現代仮名遣いによる表示

1…曰わく
2…思わざれば
3…すなわち
4…思いて
5…あやうし
6…いせい

※1…「子曰はく」は、先生（孔子）がおっしゃるには、の意。戦前は、「子《し》曰《のたま》はく」と敬意をこめて読んだ

# 第二章

# 昭和の小学教科書を読んでみよう

戦前の小学校では、国定教科書により全国一律の教育を行い、国語は旧漢字・旧仮名遣いで、候文まで教えました。

この期の人、つまり戦前に生まれ、幼少年期をこの旧体制下で育った人たちは、わずかながらも旧体制の教育を受けたので、古文書に親しみやすい世代であると言えますが、まずは戦後・平成期（現代）の方とともに小学校の国語教科書を読むことにしましょう。

次に掲げたのは、昭和一八年発行「初等科国語八」（六年生用）からの抜粋ですが、この時期は太平洋戦争中で、小学校は「国民学校」と改称されていましたから、正しくは国民学校教科書です。著者は、敗戦にともなう占領下にあって、戦争色の記述を墨ぬりして暫定使用した思い出を留めています（二九頁下欄参照。二八頁から始まる「五」の部分に墨がぬられています）。

## 1 江戸の平和を守った静寛宮（和宮）

（『初等科国語八』文部省、昭和一八年・昭和二一年）

◆1・2…現代仮名遣いによる表示
◆一・二…新字体による表示

十四　靜[一]寬[二]院宮

一

鳥羽《とば》[三]・伏見《ふしみ》の一戰[四]に、德[五]川慶喜《よしのぶ》は、はしなくも朝[六]敵といふ汚名をかうむつた[1]。

すでに大政を奉還したかれに、逆心などあるべきではないが、しかし何事も時勢であつた。朝[六]臣のうちには、あくまで德[五]川を討たなければ、武家政治を土臺[七]からくつがへして[2]、

一…静
二…寛
三…羽
四…戦
五…徳
六…朝
七…台
1…こうむった
2…くつがえして

新日本を打ち立てることができないとする硬論がある。

（中略）

かれは、静[一二]寛院宮に事の次第を申しあげて、切に天朝[六]へおわびのお取り成しを願[3]ひ、身は寛[二]永寺の一院に閉[4]ぢこもつて、ひたすらに謹[八]愼[九]の意を表した。

（中略）

四

宮の御文は、實[一〇]に言々血涙[一一]の御文章であつ

3…願い
4…閉じ
八…謹
九…慎
一〇…実
一一…涙

た。

「何とぞ私への御憐愍《ごれんびん》と思し召され、汚名をすすぎ、家名相立ち候やう、私身命に代へ願ひあげまゐらせ候。是非是非官軍さし向けられ、御取りつぶしに相成り候はば、私事も、當家滅亡を見つつ長らへ居り候も殘念に候まま、きつと覺悟致し候所存に候。私一命は惜しみ申さず候へども、朝敵とともに身命を捨て候事は、朝廷へ恐れ入り候事と、誠に心痛致し居り候。心中御憐察あ

3…よう
4…代え
5…まいらせ
6…候わば
一二…当
7…長らえ居り
一三…残
一四…覚
8…候えども

らせられ、願[3]ひの通り、家名のところ御憐愍あらせられ候[6]はば、私は申すまでもなく、一門家僕《かぼく》の者ども、深く朝恩[六]を仰ぎ候事と存じ[5]まゐらせ候。」

徳[五]川を討たねば止まぬ硬論を持する朝臣[六]たちも、この御文を拝[一五]見してひとしく泣いた。

徳[五]川に對[一六]する朝[六]議は、この時から一變[一七]した。それは全く義を立て、理を盡[一八]くし、情[一九]を述べて殘[一二]るところあらせられぬ宮の御文の力であつた。

一五…拝
一六…対
一七…変
一八…尽
一九…情

（後略）

五

朝[六]敵の汚名はすすがれ、徳[五]川の家名は斷[二〇]絶[二一]を免れた。舊[二二]臣たちは、ほつと安堵《あんど》の胸をなでおろした。

江[二三]戸城は、官軍方の西郷隆盛《さいがうたかもり》[9][二四]、徳[五]川方の勝《かつ》[二五]安芳《やすよし》[二六]のわづか[10]二回の會[二七]見で、しかも談笑のうちに開城の約が成立した。

江[二三]戸市民は、兵火を免れた。さうして[11]、幸[12]ひはただそれだけではなかつた。當[二二]時、歐《おう》[二八]

二〇…断
二一…絶
二二…旧
二三…戸
9…さいごうたかもり
二四…隆
二五…勝
二六…芳
10…わずか
二七…会
11…そうして
12…幸い
二八…欧

米《べい》の強國[二九]は、ひそかにわが國[二九]をうかがつてゐたのである。現にフランスは徳川方[五]を應[三〇]援し、イギリスは、薩長《さつちょう》を通じて官軍に好意を見せようとしてゐた。もし、日本が官軍と朝[六]敵とに分れて、長く戰[四]ふ[3]やうにでもなつたら、そのすきに乘[三一]じて、かれらは何をしたかもわからない。思[三二]へば、まことに危いことであつた。

二九…国
三〇…応
三一…乗
三二…思えば

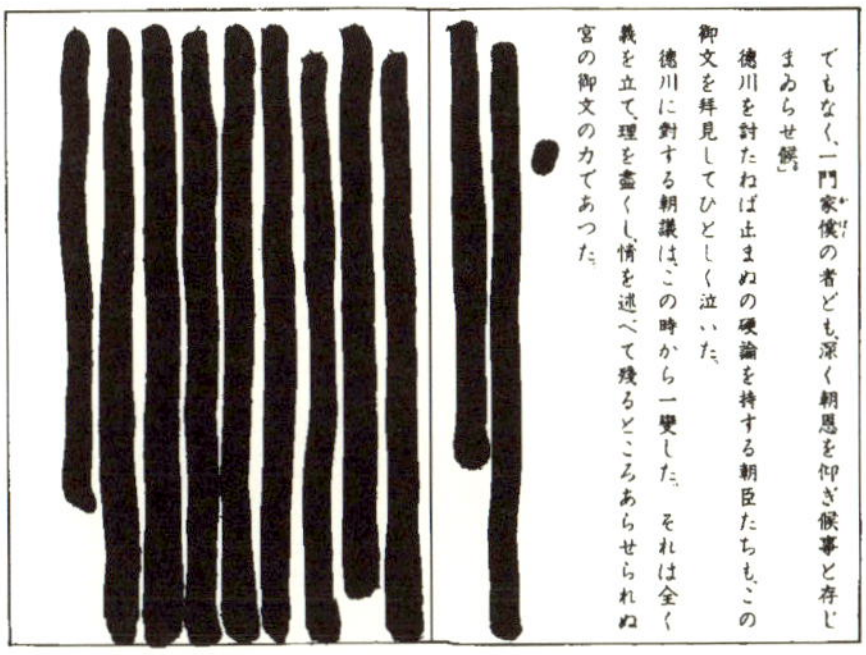
でもなく、一門家僕の者ども、深く朝恩を仰ぎ候事と存じまゐらせ候」
徳川を討たねば止まぬの硬論を持する朝臣たちも、この御文を拝見してひとしく泣いた。
徳川に對する朝議は、この時から一變した。それは全く義を立て、理を盡くし、情を述べて殘るところあらせられぬ宮の御文の力であつた。
[redacted]

◀占領下の墨ぬり教科書
（小学校教科書「初等科国語八」昭和二一年発行　文部省）

# 第二章

# 大正の中学教科書と新聞記事を読んでみよう

## 1 候文とは？

（『中等作文教本』大正三年）

「候文」といえば、「～候」というような、文末に「候」を使った文体のことです。江戸時代の公文書や私文書などのほとんどが、この「候文」で書かれていました。

明治時代以降、いわゆる筆（あるいはくずし字）で書かれた「候文」は、公文書の草案文や手紙などの私文書に限定されていきますが、学校教育のなかでは昭和戦前期まで「候文」を使った手紙の書き方の学習がなされていました。

本節で取り上げる『中等作文教本』は大正三（一九一四）年に刊行された中学校向けの作文教科書です。「候文」と「口語文」（言文一致文）との対比や「候文」の指導方法が興味深いですので、下段を参考にしながら読んでみましょう。

# 第十二課　候文

(イ)私儀病氣[一]につき本日缺[二]席仕候間[1]、この段御届け申上候。

(ロ)承り候へば[2]、大兄には、先月以來[三]、御病氣[一]の由、昨今御容體[四]如何[3]に御座候や御伺ひ[4]申上候。

かういふ[5]文は、文語文の一體[四]であつて、「**候**」といふ[6]言葉で、文句を結んであるから、「**候文**」といふ[6]のである。そして、届書とか願書とか手紙の文とかに用ゐられる[7]。右の文例の(イ)は届書

◆1・2…現代仮名遣い・読み方の表示
◆一・二…新字体による漢字の表示

一…気
二…欠
1…つかまつりそうろうあいだ
2…そうらえば
三…来
四…体
3…いかが
4…伺い
5…こういう
6…いう
7…用いられる

の文で（**ロ**）は手紙の文である。手紙の文は、通常これを**書翰文**と稱[五]してゐる。

候文は、敬語體[四]の口語文に相當[六]するもので、普通の文語文に、敬語を加へ[8]たものである。今、念の爲[七]に、敬語體[四]の口語文と、候文とを對[八]照して示すから、これを、よく讀[九]みくらべて見るがよい。

一先日御宅へまゐりました時、見せていただ……

一先日參[一〇]上の節[一一]、拝[一二]見致し候名[一三]勝[一四]寫[一五]眞帖の

五…称
六…当

8…加えた
七…為
八…対
九…読

一〇…参
一一…節
一二…拝

きました名勝[一三]寫[一四]眞[一五]帖を、すみませんが、二三日御貸し下さいませ。

**二**私は、先月十日頃から感冒にかゝり[9]引きこもつて居りましたところ、その後、病氣[一]のや[10]うすが、だん〳〵[11]と進んで、とう〳〵[12]肺炎を引起[一六]しました、併[13]し、

……………………

儀、申しかね候へども、二三日御貸し下されたく候。

**二**私儀先月十日頃より感冒にかゝり[9]引[14]きこもり居候處[一七]その後、病勢次第に進み、遂[一八]に肺炎を引起[一六]し申候。併[13]し、幸に經[一九]過良好にて、熱[二〇]も、凡[15]そ二週間餘[二一]にて、

一三…勝
一四…写
一五…真
9…かかり
10…ようす（様子）
11…だんだん
12…とうとう
一六…起
13…併し（しかし）
14…引きこもり居（おり）
一七…処
一八…遂
一九…経
二〇…熱
15…凡そ（およそ）
二一…余

幸に經過[一九]がよくて、熱[二〇]も、凡そ[15]二週間餘り[二一]で、すつかりなくなり、只今では、あらかた、なほり[16]ましたから、どうか、御安心下さいませ。

全く相去り、只今にては、大方快癒致候間、何卒[17]御安心下されたく候。

「候」といふ[6]言葉は、嚴密[二二]にいふ[6]と、「候はん[18]、候ひ[19]、候ふ[20]、候へ[21]」といふ[6]風に、一々、言葉のはたらきをあらはす[22]ところの假名[二三]を送[二四]って、書

16…なおり（治り）
17…何卒（なにとぞ）
二二…厳
18…候わん（そうらわん）
19…候い（そうらい）
20…候う（そうろう）
21…候え（そうらえ）
22…あらわす（表す）
二三…仮
二四…送

き[22]あらはすべきものであるけれども、昔からの習[二五]慣で、この言葉が、文句の終[二六]りにあるときには、送[二四]り假[二三]名を省いて用ゐ[7]られるのである。即[23]ち、

下されたく候。(ふ)。

申しあげ候(ふ)。

とい[6]ふぐ[24]あひに書いて、括弧の中に示して置いた、「ふ」とい[6]ふ送[二四]り假[二三]名を省くのである。それから、

引[14]きこもり居候處[一七]、その後、病勢進み……。

二五…習
二六…終
23…即ち（すなわち）

24…ぐあい（具合）

進上致し候間、御笑納下されたく候。
といふ[6]ぐあひ[24]に、「處[一七]」とか「間」とかいふ[6]やう[25]な、文句をつなぐ言葉に接する場合にも、送假[二四 二三]名を省くことが多い。

但し、この言葉が、

參[一〇]上致し候[21]へども、御留守につき……。

御存じに候[26]はば御知らせ下されたく候。

といふ[6]やう[25]な風に、下へ言ひつゞけ[27]られる場合には、送假[二四 二三]名を省かずに、書きあらはす[22]ことになつてゐ[28]る。

25…ような

26…候わば

27…言いつづけ（続け）

28…いる

その他、候文では、「候」といふ[6]言葉に限らず、

昨日は[一〇]參上(し)御馳走に預り……。

昨夜東京に到着し、今日某氏を訪問するつもりに候。

とい[6]ふやうに[29]、熟語をはたらかした言葉の送假[二三]名[二四]を省く[25]やうなことも多いのである。又、

申候。

申上候。

致候。

29…ように

仕候。
といふ[6]やうな[25]熟語では「申し」「上げ」「致し」「仕り」等いふ[6]言葉の[二四]送假名[二三]を省いて用ゐる[28]ことが多い。それから、

奉存候[30]。
奉賀候[31]。
被成下度候[32]。
可被下候[33]。

といふ[6]風[九]な、漢文の語法[二三]をそのまゝ[34]使つて、逆に反つて[35]讀む熟語は、假名交りに書き示して、

30…奉レ存候（ぞんじたてまつりそうろう）
31…奉レ賀候（がしたてまつりそうろう）
32…被二成下一度候（なしくだされたくそうろう）
33…可レ被レ下候（くださるべくそうろう）
34…そのまま
35…反つて＝返って

存じ奉り候。
賀し奉り候。
成し下されたく候。
下さるべく候。
とい[6]ふぐ[24]あひに書く方が讀[九]み易い。又、どうか
すると、
間敷《まじく》。
陳者《のぶれば》。
就而《ついては》。
却說《さて》。

とい[6]ふや[25]うな漢文句調やあて字をした熟語を用
ゐ[28]る人もあるけれども、此等は、

まじく。

のぶれば。

就いては。

さて。

とい[6]ふ風に、適[六]當な假[二三]名を[二四]送るか、又は、假[二三]名
で書く方が穏[二七]やかでもあり、わかり易くもある。

二七…穏

## 2　関東大震災後の山本権兵衛首相告諭

（『都新聞』大正一二年九月八日付）

大正一二（一九二三）年九月一日、東京・横浜など南関東地方を大地震が襲いました。関東大震災です。マグニチュードは7・9といわれています。人口が密集していた東京下町では、火災などの二次災害によって被害が拡大したといわれます。東京市の四割以上の地域の建物が崩壊あるいは焼失、死者・行方不明者が一〇万五〇〇〇人余にも達しました。

さらに、電信や電話も被害を受けたために市民が大混乱し、うわさが元で多数の在日朝鮮人が虐殺され、また大杉栄らの社会主義者も虐殺されました。

政府は、この大災害に対して迅速な対応をせまられました。しかし、加藤友三郎首相（一八六一－一九二三）が震災直前に病死し、山本権兵衛（一八五二－一九三三）が首相の大命を受け、その組閣中に関東大震災が起こったため、政府内も混乱していました。

以下の資料は、大正一二年九月八日付けの『都新聞』（『東京新聞』の前身紙）に掲載された「山本首相の告諭」で、震災復興への対応・方針を示したものです。なお、都新聞社では九月一日の朝刊発行後、大震災の影響で二日～七日が休刊でした。言葉遣いが非常に難しいですが、下欄を参考にしながら頑張って読んでみましょう。

# 山本首相の告諭

内閣告諭《ないかくこくゆ》第《だい》一號《がう》　東京《とうきやう》及近縣《およびきんけん》に亘《わた》れる今次《こんじ》の震災《しんさい》は伴《ともな》[1]ふに大火災《だいくわさい》[2]を以《もつ》てし慘害《さんがい》の甚《はなは》だしき言語《げんご》に絶《ぜつ》し日常《にちじやう》の設備《せつび》蕩然《たうぜん》一空《くう》に歸《き》し焦眉《せうび》の措置《そち》最《もつと》も急《きふ》を要《えう》す

| | | | | | |
|---|---|---|---|---|---|
| 號《がう》 | 縣《けん》 | 慘《さん》 | 絶《ぜつ》 | 空《くう》 | 歸《き》 |
| 号《ごう》 | 県《けん》 | 惨《さん》 | 絶《ぜつ》 | 空《くう》 | 帰《き》 |

◆1・2…現代仮名遣い・読み方の表示

1…伴《ともな》う

2…大火災《だいかさい》

政府《せいふ》は先《ま》づ[3]秩序《ちつじよ》を保《たも》ち安定《あんてい》を得《え》[4]しむるに勉《つと》め食糧《しよくれう》物資《ぶつし》の補《ほ》給《きふ》輸薬材《やくざい》料《れう》の準備《じゆんび》其他《そのた》應急《おうきふ》百般《はん》の施設《しせつ》を爲《な》すに於《おい》て最善《さいぜん》の努力《どりよく》を盡《つ》くしつゝあり

攝政殿下《せつしやうでんか》深《ふか》く御《ご》憂慮《いうりよ》あらせられ親《した》しく優渥《いうあく》なる御《ご》沙汰《さた》を賜《たま》[5]ひ内帑《ないど》[6]の

応《おう》　為《な》　尽《つ》　摂《せつ》

3…先《ま》ず
4…得しむる（得させる）
5…賜《たま》い
6…内帑《ないど》＝内帑（皇室の所有する財貨を入れる倉庫）

資《し》を發《はつ》せらるゝ旨《むね》を傳《つた》[7]へられ適宜《てきぎ》應急《おうきふ》處置《しよち》を爲《な》し遺憾《ゐかん》なきを望《のぞ》ませらる生民《せいみん》の休戚《きうせき》に就《つ》き御軫念《しんねん》[8]あらせらるゝの深《ふか》き同胞《どうはう》と倶《とも》に本大臣《ほんだいじん》の恐懼《きようく》感激《かんげき》に堪《た》へざる所《ところ》なり茲《ここ》に盛旨《せいし》[9]を奉《ほう》じて應急《おうきふ》の處置《しよち》を執《と》り復《ふく》舊《きう》を圖《はか》るは政府《せいふ》の全力《ぜんりよく》を擧《あ》げて事《こと》

| 發《はつ》 | 傳《つた》 | 處《しよ》 | 舊《きう》 | 圖《はか》 | 擧《あ》 |
|---|---|---|---|---|---|
| 発《はつ》 | 伝《でん》 | 処《しよ》 | 旧《きゅう》 | 図《はか》 | 挙《あ》 |

7…伝《つた》え

8…軫念《しんねん》（ここでは摂政殿下が心を痛め、心配すること）

9…盛旨《せいし》＝聖旨（ここ

に従《したが》ふ所《ところ》なるも亦《また》擧國《きよこく》一致《ち》の奮起《ふんき》協力《きようりよく》に待《ま》つこと切《せつ》なり　希《こひねが》はくは罹災者《りさいしや》は固《もと》より一般《ぱん》の國民《こくみん》皆《みな》能《よ》く聖旨《せいし》の渥《あつ》きを奉體《ほうたい》し官民《くわんみん》協力《りよく》以《もつ》て仁慈《じんじ》なる御《ご》沙汰《さた》の貫徹《くわんてつ》を期《き》し各自《かくじ》相激勵《げきれい》して適應《てきおう》の處置《しよち》を誤らず此《こ》の異常《いじやう》の災害《さいがい》に對《たい》して絶大《ぜつたい》の努力《どりよく》

| | | | | | | |
|---|---|---|---|---|---|---|
| 對 | 誤 | 勵 | 體 | 起 | 國 | 従 |
| 対《たい》 | 誤《あやま》 | 励《れい》 | 体《たい》 | 起《き》 | 国《こく》 | 従《したが》 |

では摂政殿下の考え）

10…従《したが》う

11…希《こいねが》わく

を致《いた》されむことを是《これ》本大臣《ほんだいじん》の切望《せつばう》
に堪《た》へざる所《ところ》なり
大正十二年九月四日
内閣總
理大臣　伯爵山本權兵衛

| | |
|---|---|
| 權 | 總 |
| 権 | 総 |

# 第二部

# 「江戸かな」に慣れよう

# 第四章 「江戸かな」学習事始め

## 1 江戸時代の見立《みたて》番付を読む

（「麻疹能毒養生弁」文久二年）

江戸時代、相撲や芝居の番付の体裁を真似て、さまざまな事柄を東西に分けて対比した一枚摺りの摺物を「見立番付」と呼びます。享保頃（一八世紀初め）から徐々に出始め、京都・大坂から江戸に広がり、化政期（一九世紀初め）から明治期までに多くの見立番付が作られました。ここに掲げた見立番付は、文久二（一八六二）年に麻疹が大流行した時に発行された「麻疹能毒養生弁《はしかのうどくようじょうべん》」という題名のものです。伝染病の難を逃れるために食べてよい物（右欄）、食べてはいけない物（左欄）の品名があげられています。

いよいよ「江戸かな」のトレーニング開始です。代表的な「江戸かな」を九つ（五七～五九頁の※マークの付いた字）覚えれば、明治時代以前の文章がかなり読めるようになります。

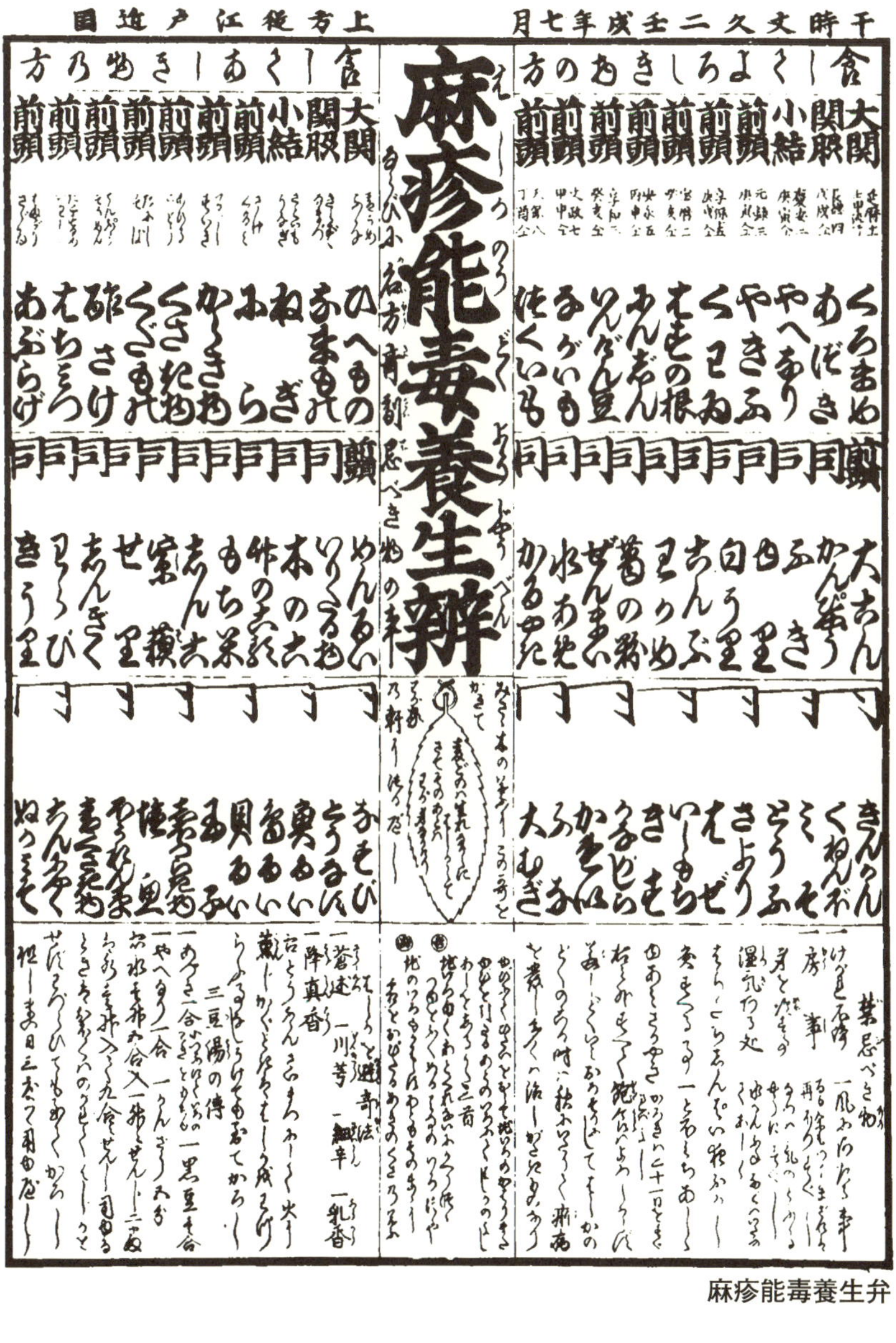


麻疹能毒養生弁

干時文久二壬戌年七月

食しくよろしき為の方

| 大関 | 関脇 | 小結 | 前頭 | 前頭 | 前頭 | 前頭 | 前頭 | 前頭 | 前頭 |
|---|---|---|---|---|---|---|---|---|---|
| 延暦十 壬申流行 | 長徳四 戊戌仝 | 慶安三 庚寅仝 | 元録三 庚寅仝 | 享保十五 庚戌仝 | 宝暦三 癸亥仝 | 安永五 丙申仝 | 享和三 癸亥仝 | 文政七 甲申仝 | 天保八 丁酉仝 |
| くろまめ | あづき | やへなり | やきふ | くわゐ | はすのね | にんじん | いんげん豆 | ながいも | つくいも |
| 黒豆《くろまめ》 | 小豆《あづき》 | 八重生り《やへなり》（緑豆） | 焼麸《やきふ》 | 慈姑《くわゐ》 | 蓮《はす》の根 | 人参《にんじん》 | 隠元《いんげん》豆 | 長芋《ながいも》 | 仏掌薯《つくいも》 |

徒・つ　奈・な　王・わ　者・は　尓・に　个・け　可・か

春・す　志・し

江戸文字

解読

江戸かな

上方従江戸迄国

麻疹能毒養生弁

| 大関 | 関脇 | 小結 | 前頭 | 前頭 | 前頭 | 前頭 | 前頭 | 前頭 | 前頭 |
|---|---|---|---|---|---|---|---|---|---|
| 冷《ひ》へ物《もの》 | なま物《もの》 | 葱《ねぎ》 | 韮《にら》 | 辛《から》き物 | 臭《くさ》き物 | 果《くだ》物《もの》 | 酢酒《さけ》 | 蜂《はち》蜜《みつ》 | 油《あぶら》揚《げ》 |

能・の

起・き

多・た

三・み

江戸文字

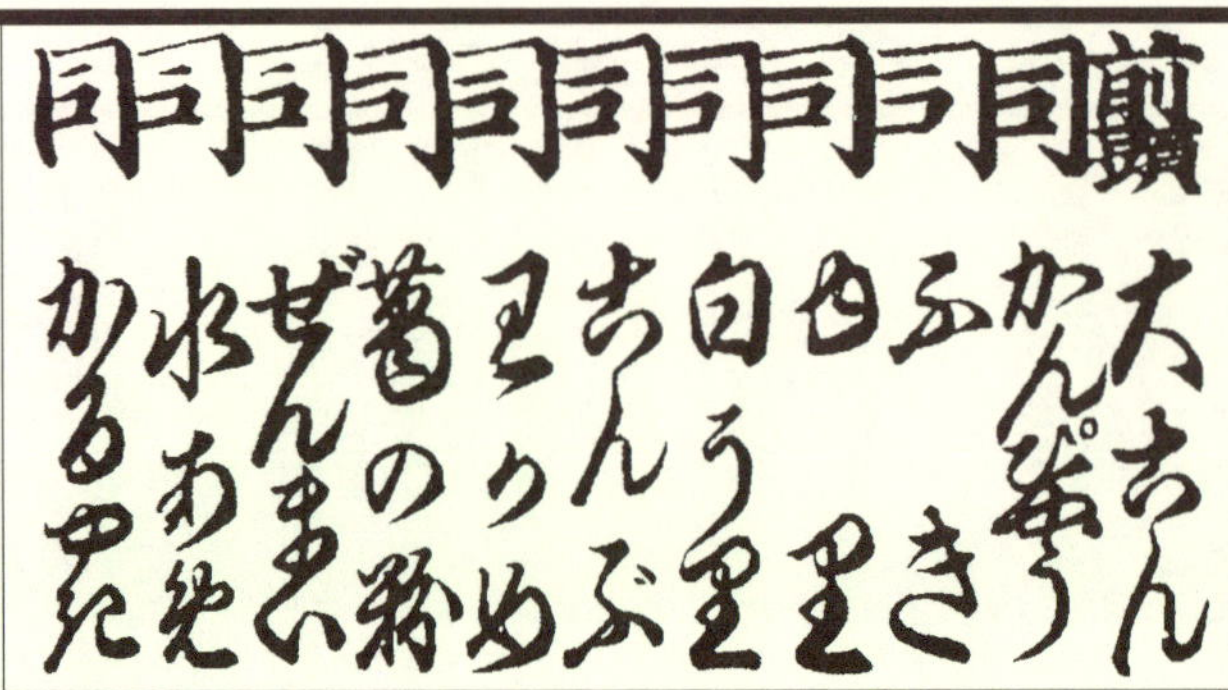

解読

大根《こん》
干瓢《ぴゃう》
蕗《ふき》
百《ゆ》合《り》
白瓜《うり》
昆《こん》布《ぶ》
若《わか》布《め》
葛の粉
ぜんまい
水飴《あめ》
軽焼《かるやき》（煎餅）

江戸かな

古・こ
由・ゆ
里・り
免・め
也・や

江戸文字

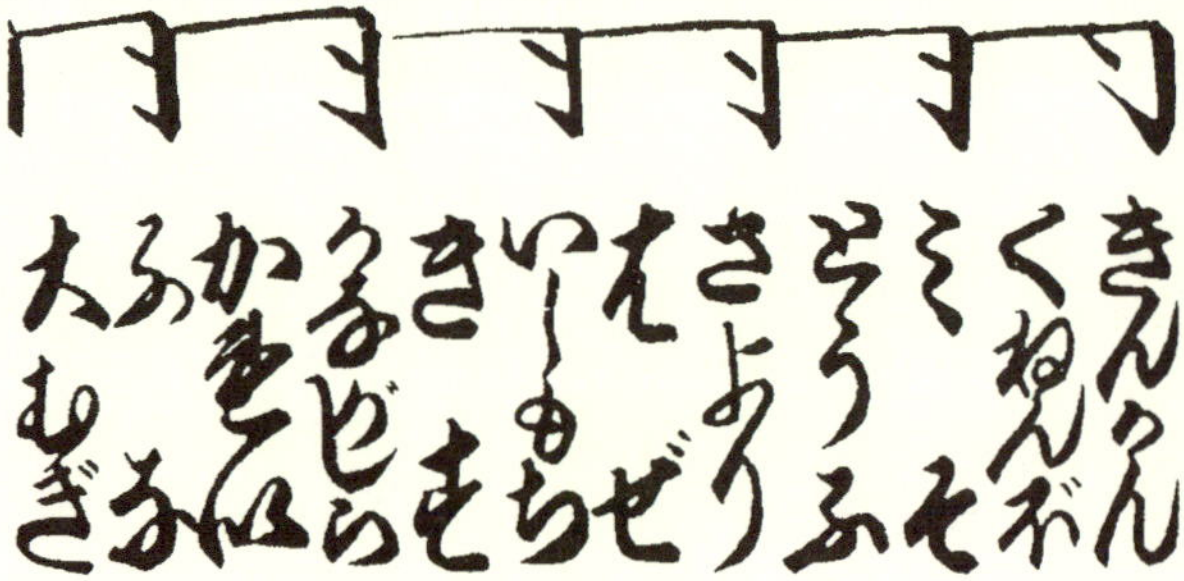

解読

金柑《きんかん》（みかん）
九年母《くねんぼ》（みかん）
味《み》噌《そ》
豆《とう》腐《ふ》
さより
はぜ
いしもち
きす
かながしら
かれい
ふな
大麦《むぎ》

江戸かな

本・ほ
連・れ
以・い

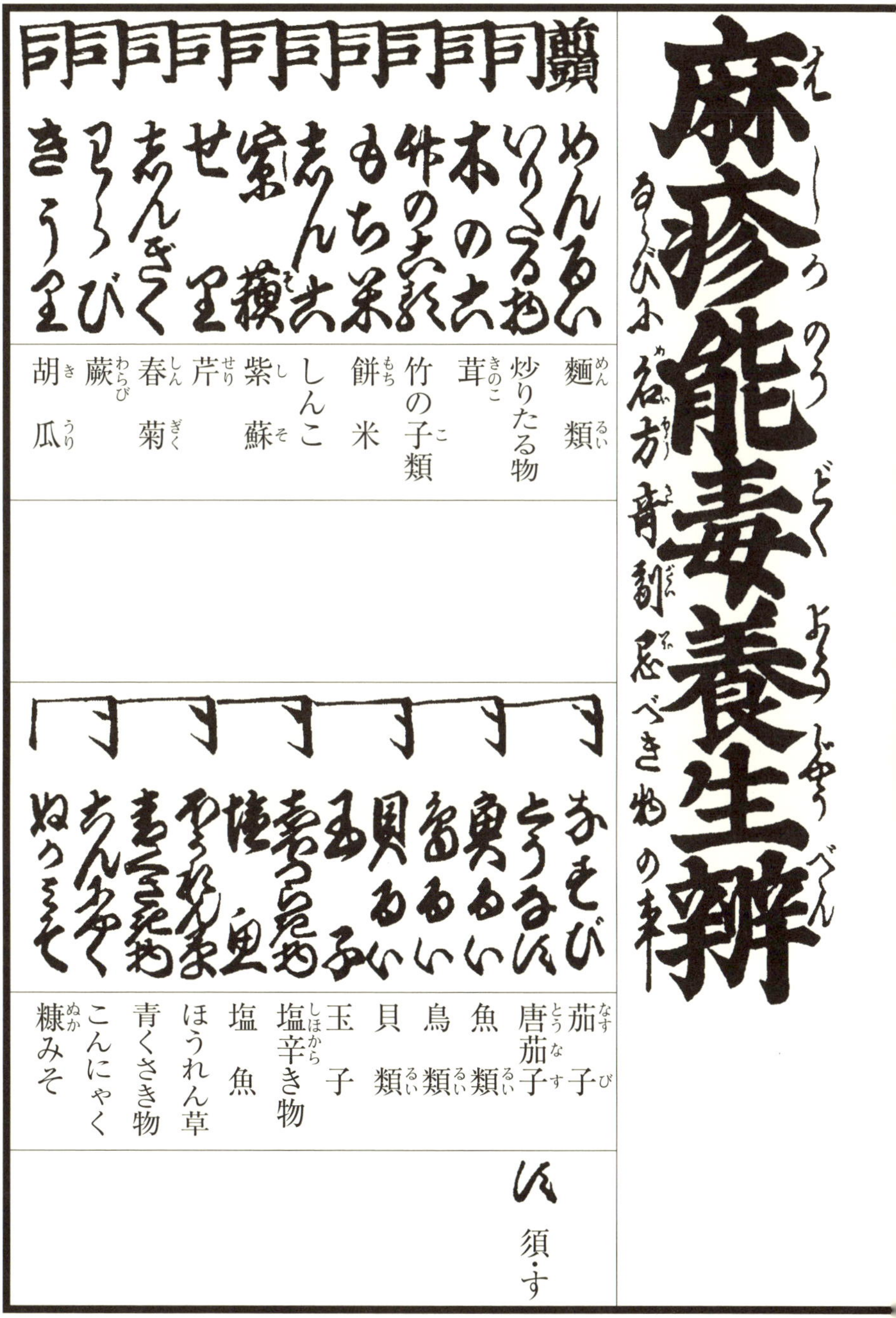


麺《めん》類《るい》
炒りたる物
茸《きのこ》
竹の子《こ》類
餅《もち》米
しんこ
紫《し》蘇《そ》
芹《せり》
春《しん》菊《ぎく》
蕨《わらび》
胡《き》瓜《うり》

茄子《なすび》
唐茄子《とうなす》
魚類《るい》
鳥類《るい》
貝類《るい》
玉子
塩辛《しほから》き物
塩魚
ほうれん草
青くさき物
こんにゃく
糠《ぬか》みそ

この番付から抽出した江戸かなは計二二二個です。順に掲げると次のようになります。

| 徒 | 尓 | 起 | 里 | 以 |
| 奈 | 志 | 多 | 免 | 須 |
| 王 | 个 | 三 | 也 | |
| 者 | 可 | 古 | 本 | |
| 春 | 能 | 由 | 連 | |

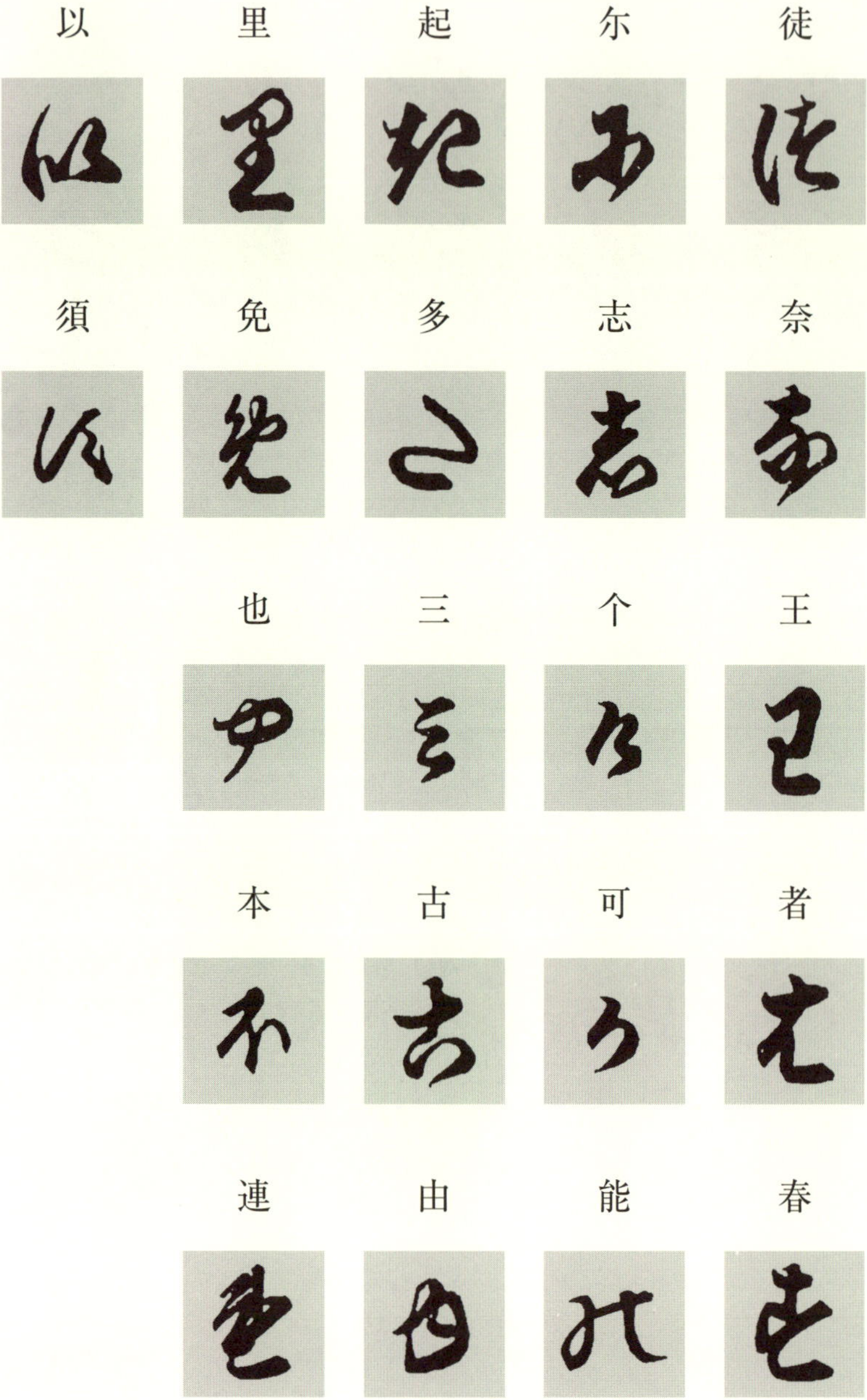

この二二字を「読みやすさ」の見地で分類してみます（五十音順）。

## 1 現用のかなと同じ。字母は同じだがくずし方が古風

以・い

（俳《はい》諧《かい》師《し》）

奈・な

（唐《とう》茄子《なす》）

也・や

（屋《や》台《たい》店《みせ》）

由・ゆ

（湯《ゆ》浴《あみ》月代《さかやき》）

## 2 字母の形が察せられ、比較的読みやすい

起・き

（蒔《まき》絵《ゑ》師《し》）

古・こ

（牛蒡《ごぼう》）

志・し
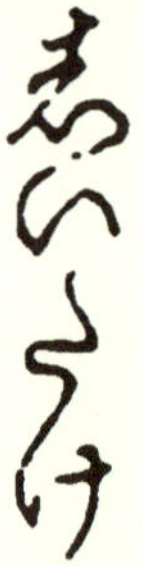
（椎茸《しいたけ》）

三・み

（味《み》噌《そ》漬《づけ》）

免・め

（雨《あめ》）

里・り

（胡瓜《きうり》）

### 3 手がかりがなく、読むのが困難

※

可・か

（髪結《かみゆい》床）

※

个・け

（元気《げんき》を増《ま》し）

※

春・す

（鮨屋《すしや》）

須・す

（熱《ねつ》をさます）

※

多・た

（沢庵《たくあん》）

徒・つ

（新漬《しんづけ》）

※

爾・に

（大に悪《わろ》し）

能・の

（果物《くだもの》）

※

者・は

（噺家《はなしか》）

※

本・ほ

（梅干《ぼし》）

※

連・れ

（穢《けが》れ）

※

王・わ

（慈姑《くわい》）

番付に出た江戸かなは以上です。このうち**3**の中で※マークをつけた江戸かなは是非覚えてください。たった九つです。以前、私が簡単な調査をした結果、使用頻度が高いと評価したかな文字です（調査範囲が狭いので、統計学的な結論にはなりませんが）。

## 2 明治初期の小学生に挑戦しよう

（『絵入智慧の環』明治三年）

本節で取り上げる資料は、明治三（一八七〇）年に刊行された『絵《え》入《いり》智《ち》慧《え》の環《わ》』で、和装の木版刷りです。著者は古川正雄で、彼は当時、啓蒙書や教科書などの執筆をしていた人物です。

明治時代初期の教科書は、すべてを文部省が発行していたわけではなく、『絵入智慧の環』のような、民間の出版社より刊行されていたもののなかから、教科書として相応しいものが多く採用されていました。同書は、「文部省小学教則」によると「下等第八級」（第一学年前期）の子どもたち向けの国語教科書でした。現在の小学校一年生が一学期で学ぶ国語の内容だとイメージしていただければ分かりやすいと思います。

『絵入智慧の環』は豊富な挿絵が特徴です。本節には同書の全部を収めてはいませんが、動植物・昆虫の名前や舶来の日常品の名前、数字などを掲げました。解読に必要な江戸かなを下段に掲げましたので、それらを併せ見て、絵も参考にしながら江戸かなの解読に挑戦してみてください。絵と一緒に書かれた漢字もヒントになりますが、一部はくずし字で書かれているため読みにくいです。

| | |
|---|---|
| 狼 おふかみ | 犬 いぬ |
| 栗鼠 りす | 猪 ゐのし、 |

| 為(ゐ) | 志(し) | 、(踊り字) | 於(お) | 本(ほ) | 可(か) | 美(み) | 春(す) |

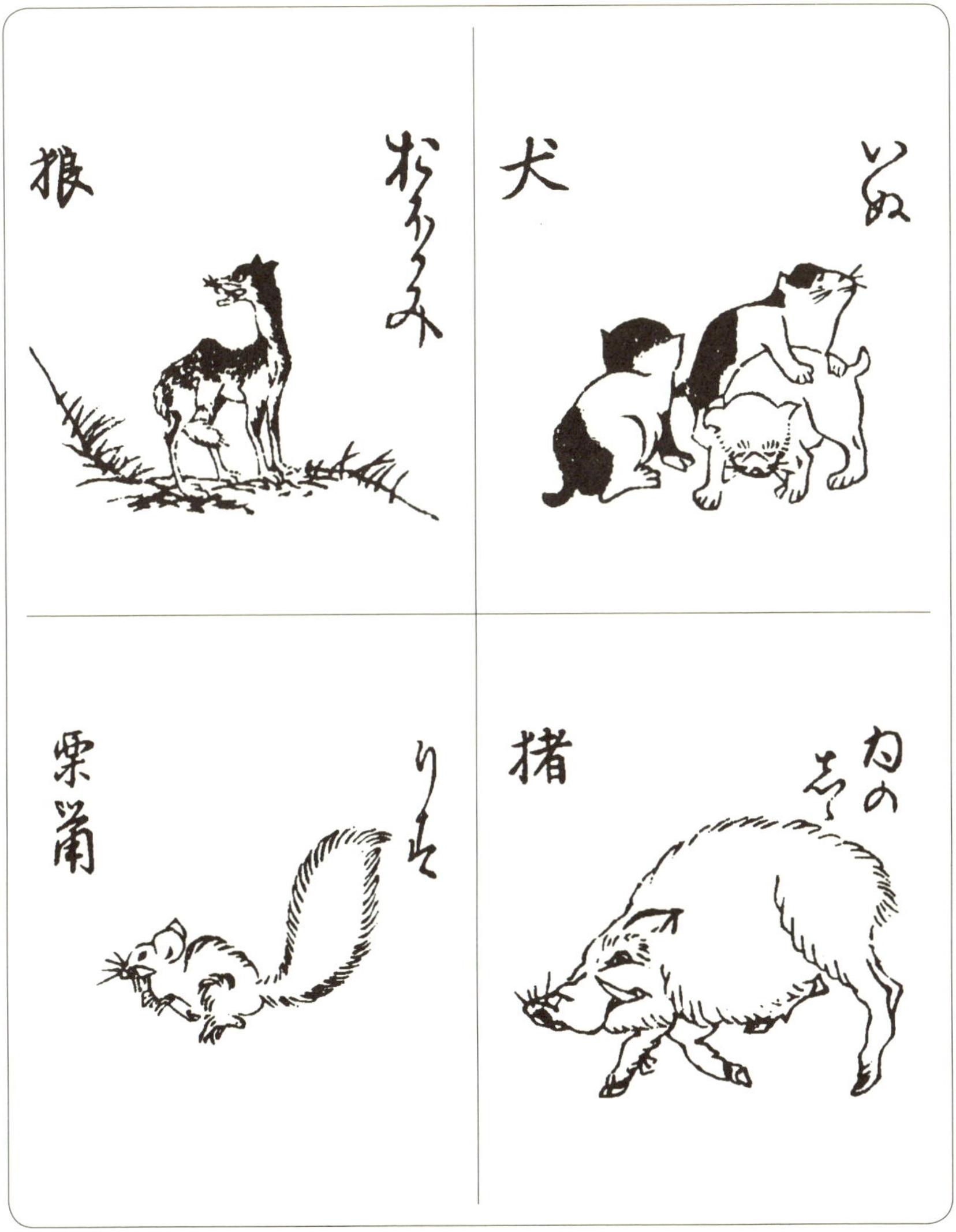

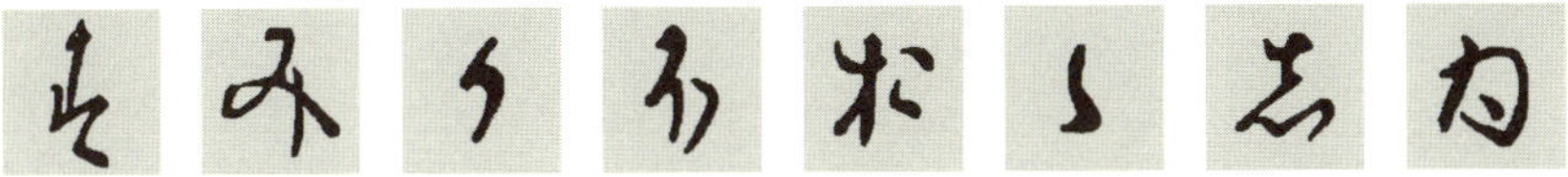

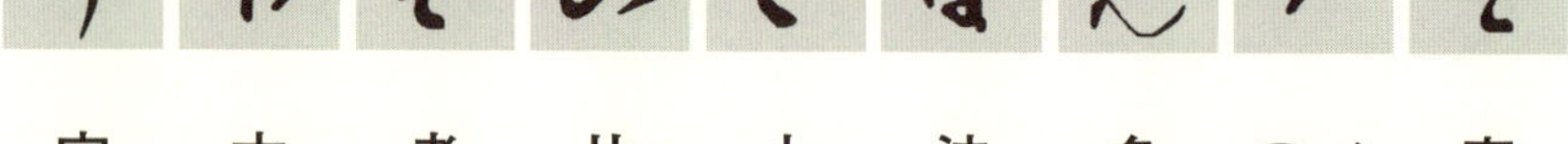

| | | | | | | | | |
|---|---|---|---|---|---|---|---|---|
| 春（す） | ゞ（踊り字） | 免（め） | 波（は） | 止（と） | 比（ひ） | 者（ば） | 本（ぼ） | 宇（う） |

百足　むかで　蜂　はち

牽牛花　あさがお　蛍　ほたる

| さ | あ | か | む | る | た | ほ | ち |

左（さ）　安（あ）　可（か）　武（む）　留（る）　多（た）　保（ほ）　知（ち）

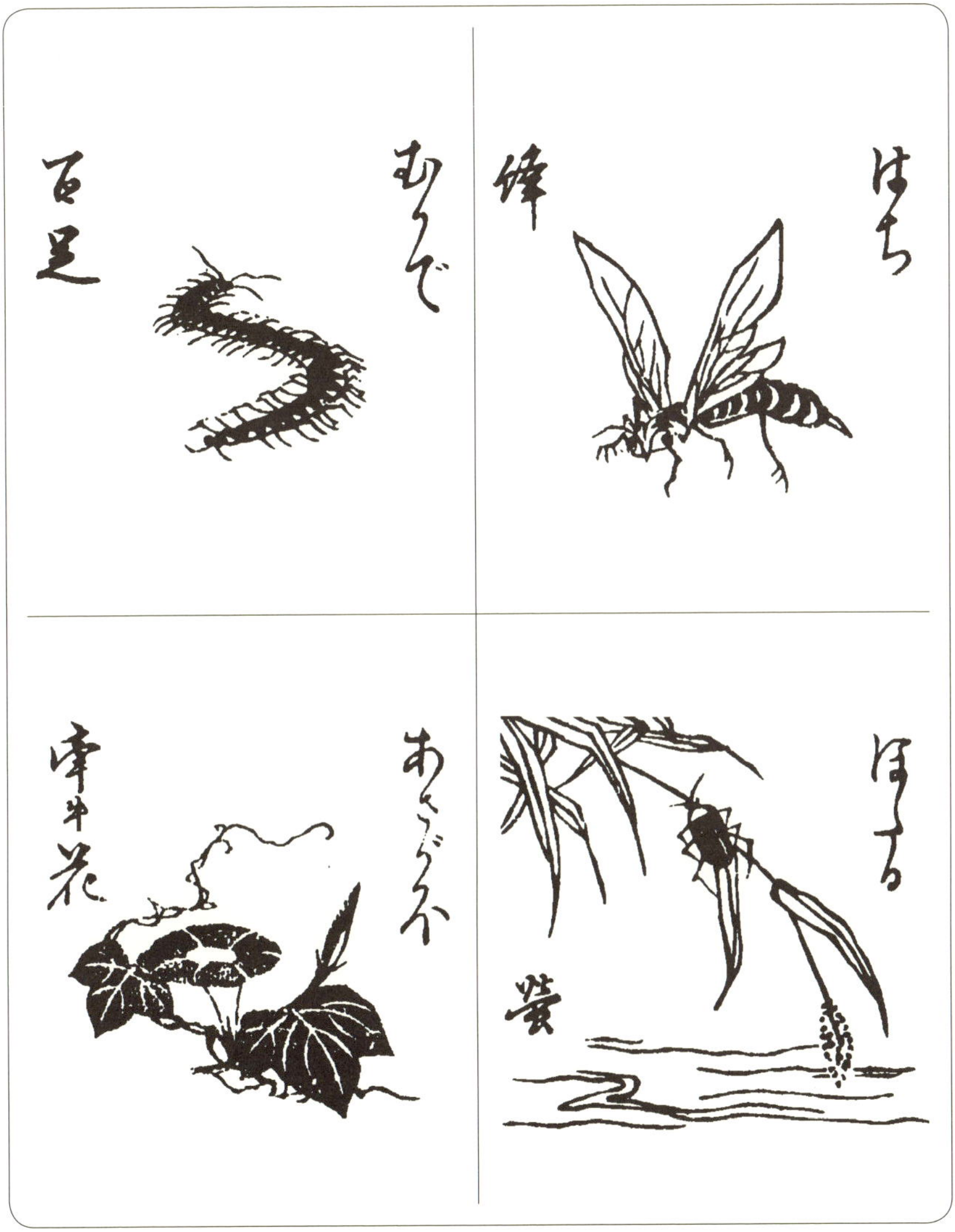

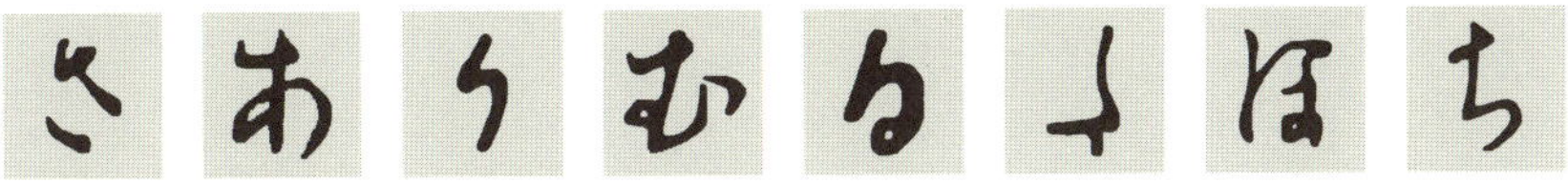

| | |
|---|---|
| 柳　やなぎ | 蜜柑　みかん |
| 蓮根　れんこん | 桃　もも |

| こ | れ | ぎ | ふ | や | | も | か |
|---|---|---|---|---|---|---|---|
| 古(こ) | 礼(れ) | 幾(き) | 奈(な) | 也(や) | | 毛(も) | 可(か) |

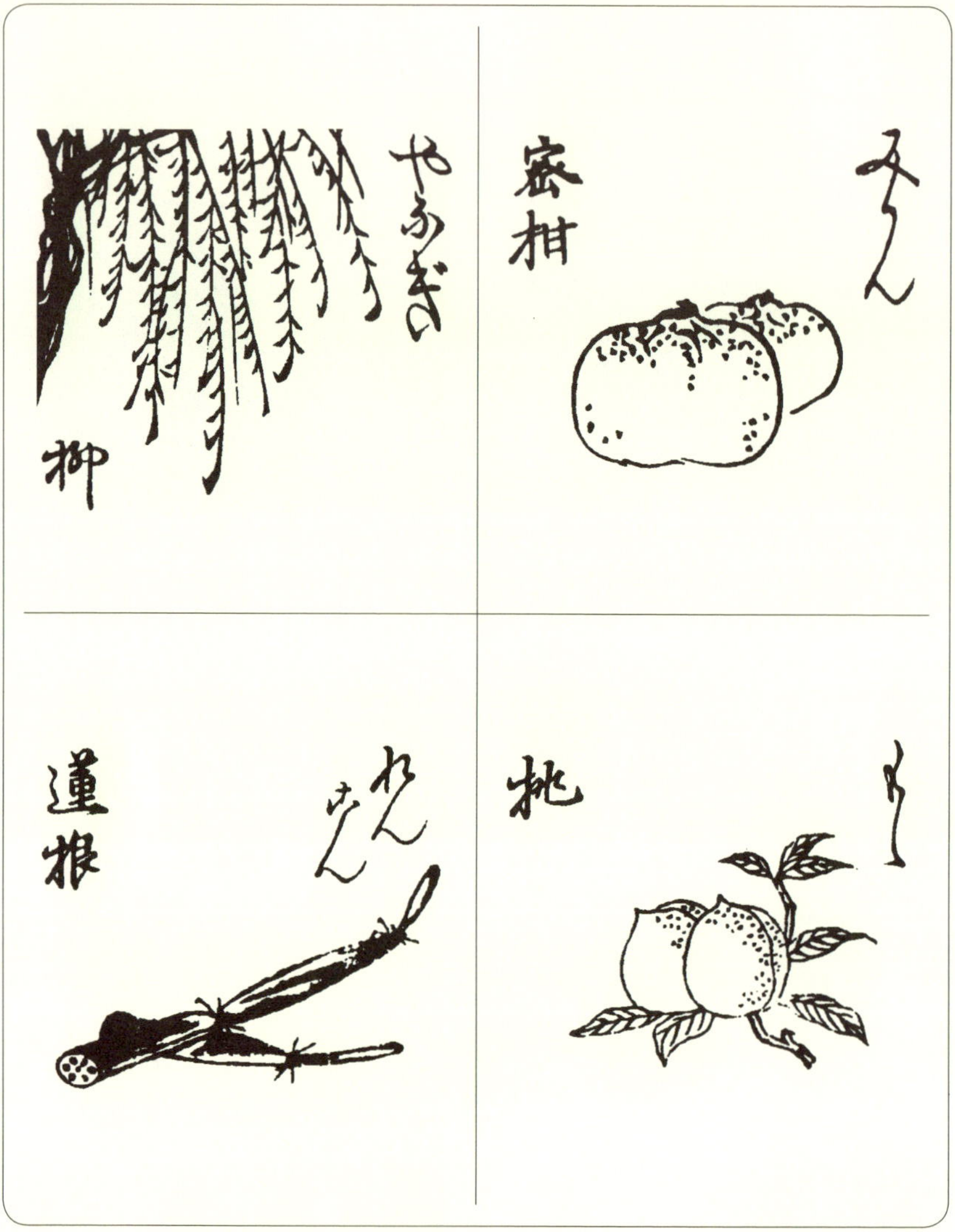

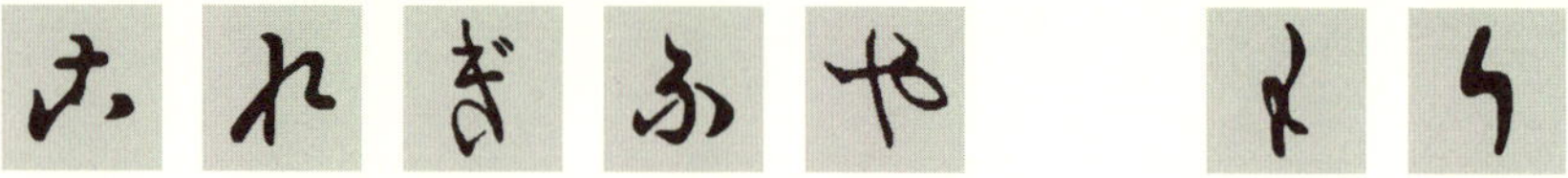

个（け）　川（つ）　久（く）　者（は）　之（し）　太（た）　多（た）

ちよつき

ちやあげ

かうもりがさ

ずぼん

| 志 | あ | ぞ | が | よ | う | り |
|---|---|---|---|---|---|---|
| 志(し) | 安(あ) | 春(ず) | 本(ぼ) | 与(よ) | 宇(う) | 里(り) |

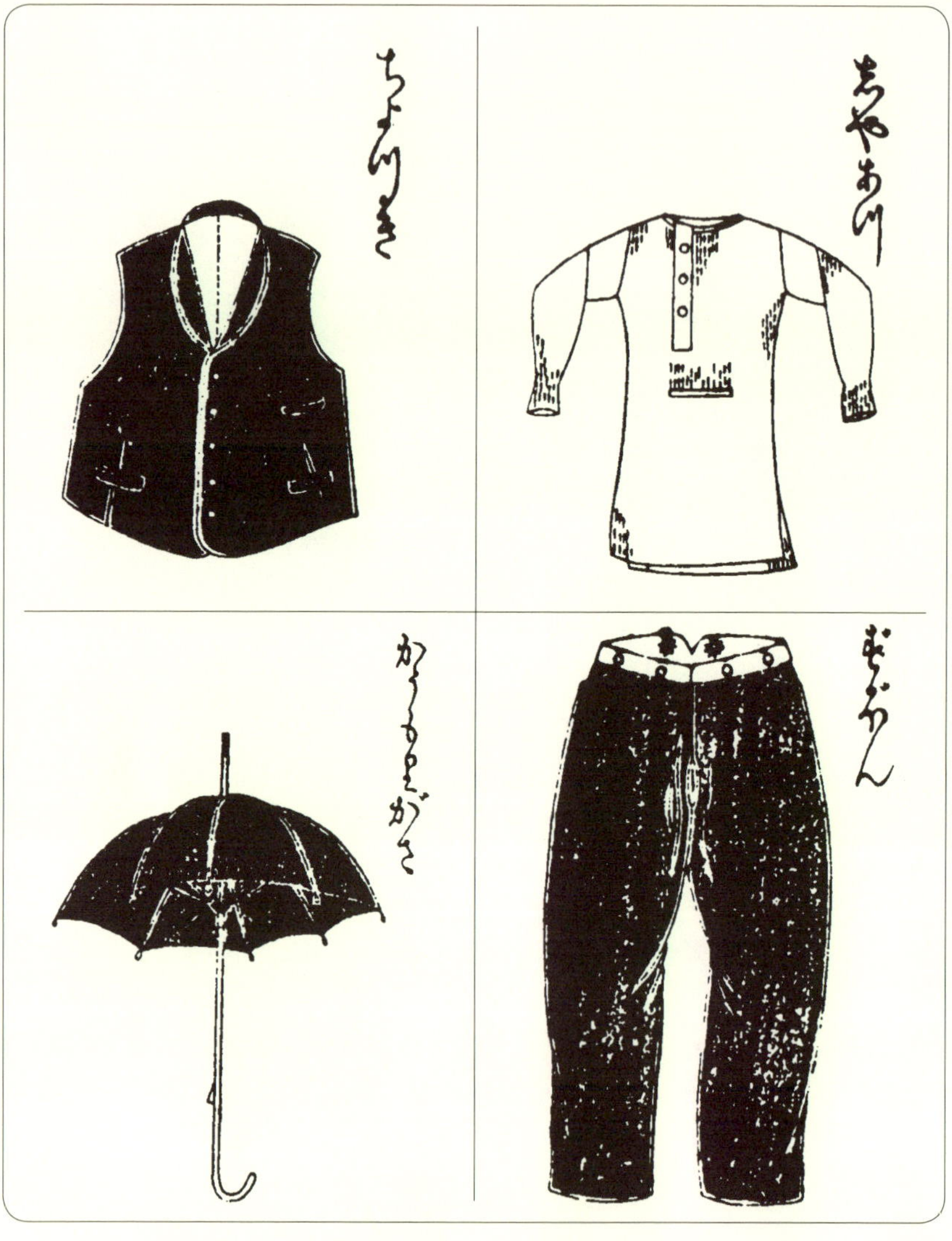

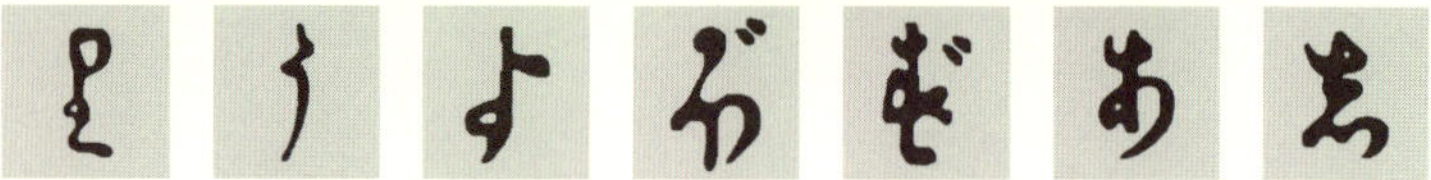

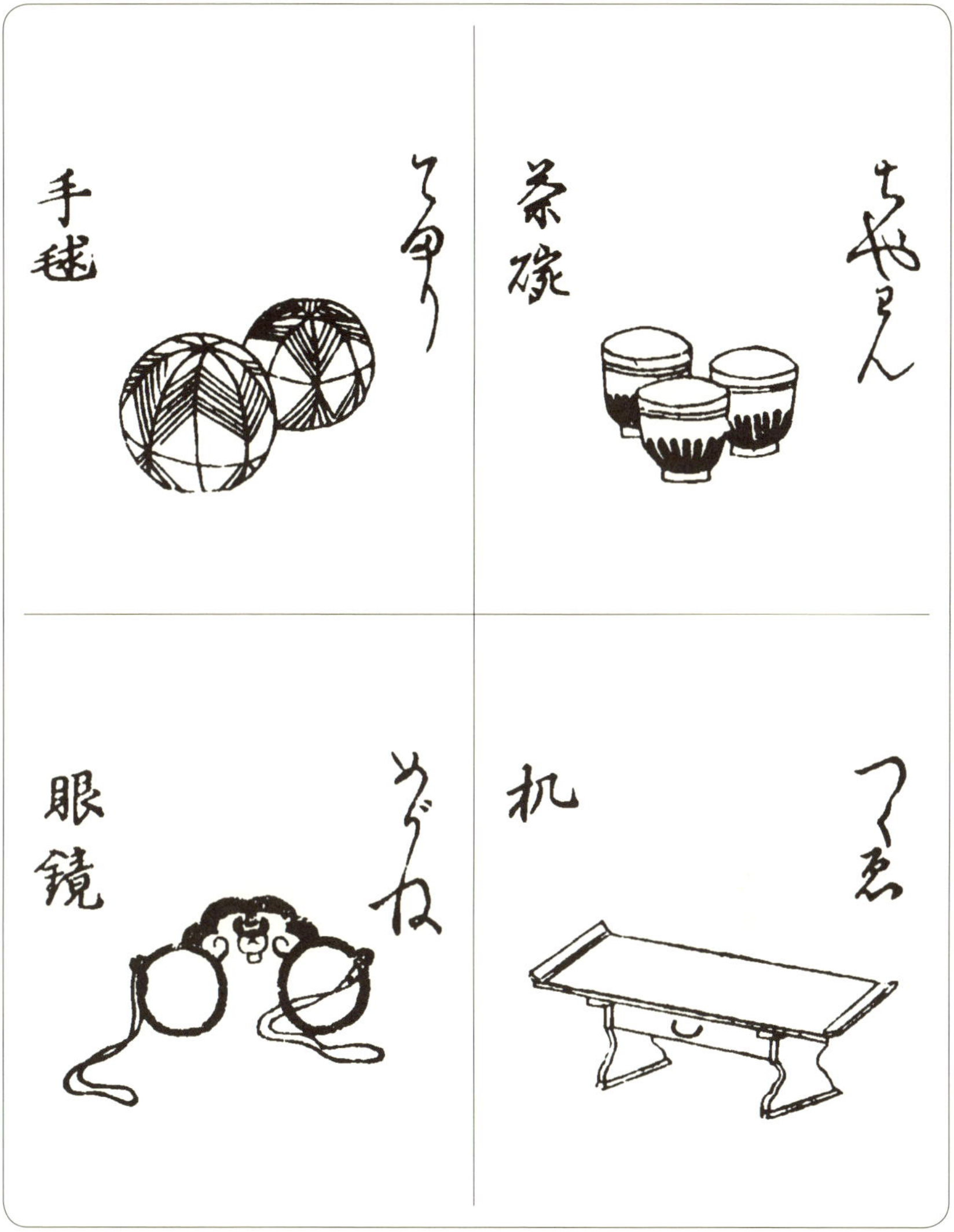


王（わ）　恵（ゑ）

満（ま）　女（め）　禰（ね）

びいどろ

とむぶらあ
きゝぜつミ
もの

ゑ（？）ぷ
ゑんぐらあす
もの

これ
そふ

望遠鏡
ぐゑんきやう
もの

これも
肉さ
し
もの

| ん | こ | ゝ | ひ | ぁ | ま | み | す |
|---|---|---|---|---|---|---|---|
| 年(ね) | 止(と) | 能(の) | 以(い) | 尓(に) | 末(ま) | 三(み) | 須(す) |

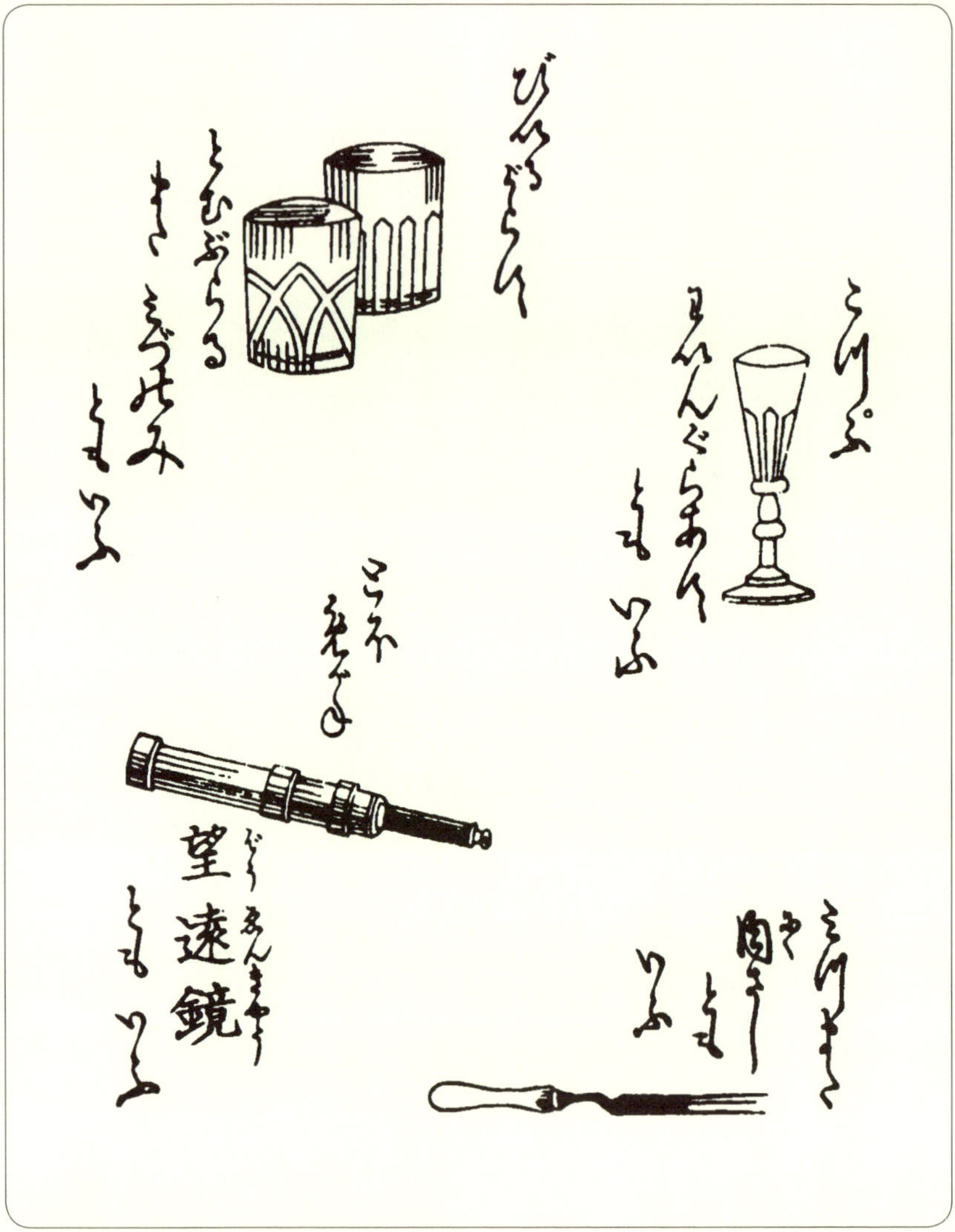

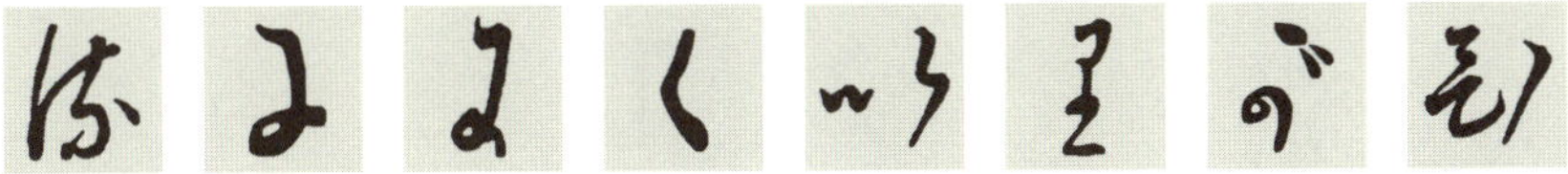

飛（ひ）　可（が）　里（り）　以（い）　ゝ（踊り字）　尓（に）　尓（に）　流（る）

日月ハ天
にかゞやき
草木は地
におふ

尓（に）

ゞ（踊り字）

於（お）

不（ふ）

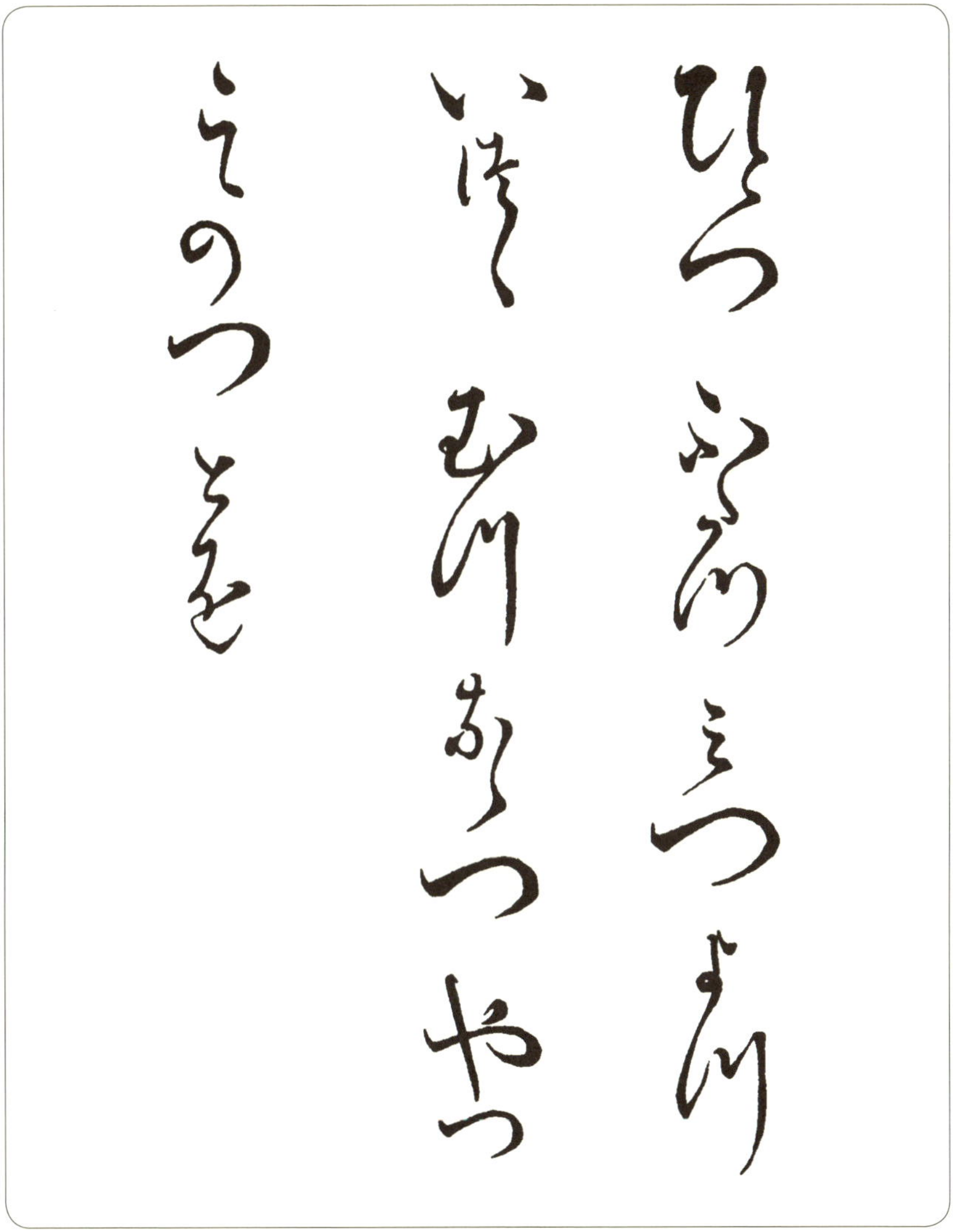

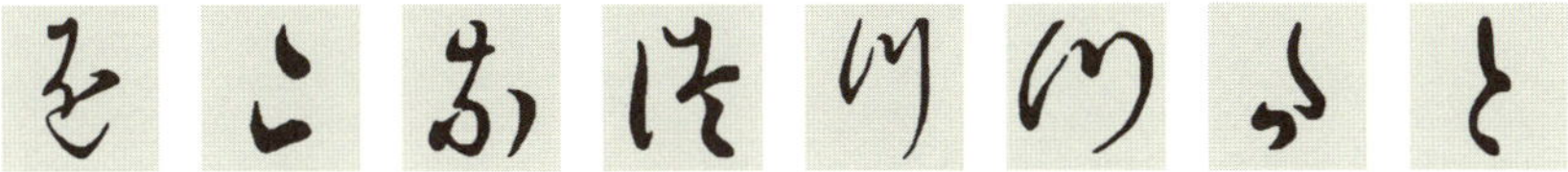

止（と）

多（た）

川（つ）

川（つ）

徒（つ）

奈（な）

己（こ）

遠（を）

# 第五章

# 明治の小学教科書を読んでみよう

明治維新は急速な欧米文明の導入をもたらし、出版界は木版の手刷り印刷から活版印刷に転換して、新聞・雑誌・教科書を始め、書籍類が大量に発行されることになりました。

文字遣いは、明治以前の草書体から楷書体の活字に変わりましたが、仮名遣いは以前の通りに江戸かなが用いられました。

また江戸時代の後期、寺子屋の普及とともに誰もが字を読めるようになると、庶民向けの本は漢字にふりがな（ルビ）が付けられていましたが、このルビ付き方式は活字化しても続けられ、特に新聞では戦前期まで継続して行われます（四二頁参照）。

本章では、「2　狼と七匹の子羊」と「4　維新御布告往来を読む」で取りあげる資料に、ふりがなが付けられています。第四章での学習成果を活かしながら、左欄・下欄を参考にして、読んでみましょう。

# 1　兄弟とは、友達とは？

（『高等小学新読本 下篇』明治二六年）

第九章　兄弟の友愛

① 友とハ兄弟のなかよきをいふ[1]。抑[2]我が身の大恩を受けた

② る父母に次ぎて親き[3]ハ兄弟なり。兄弟ハ父母の骨肉を分

③ ちたるものなれバ兄ハ弟を愛し弟ハ兄を敬ひ[4]相親み相

◆1・2…現代仮名遣い・読み方の表示

1…いう

2…そもそも

3…したしき

4…うやまい

①

奈（な）

①

可（が）

②

八（は）

②

骨

③

連（れ）

④睦みて、喧嘩口論せざるハ[5]いふまでもなく、互に助け助け
⑤られて、同じく親に事[6]へて孝をつくし、共に君に事へ奉り
⑥て、忠義を励むべきハ、兄弟の本分と云[7]ふべし。姉妹の間も、
⑦また兄と妹、姉と弟の間も皆これに同じと心得べし。實に

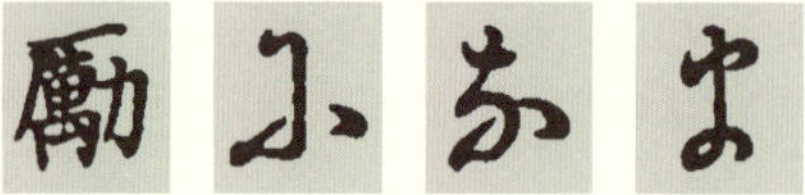

④ 末（ま）　④ 奈（な）　⑤ 尓（に）　⑥ 励

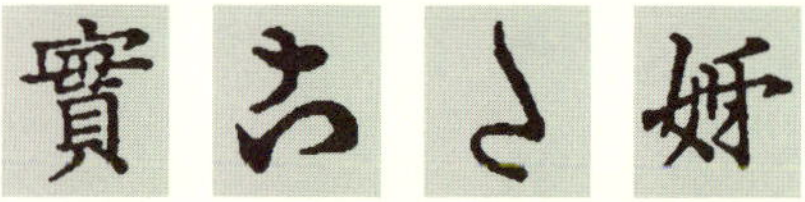

⑥ 姉　⑦ 多（た）　⑦ 古（こ）　⑦ 実

5…いうまでもなく
6…つかえて
7…いうべし

⑧兄弟ハ、もと同體の分れたるものなれバ、父母の亡き後ハ、
⑨その財産などを分ち受くるにつけても、互に相争[8]ふ如き
⑩ことあるべからず。餘あるものハ、足らざるものを助け、富
⑪めるハ、貧しきを救[9]ひて、共に世に立つをこそ、兄弟の情義

⑧

毛（も）

⑧

体

⑨

争

⑩

阿（あ）

⑩

可（か）

⑩

須（ず）

⑩

余

⑪

尔（に）

8…あらそう
9…すくいて

⑫ とい[10]ふべけれ。さるを財産の争よりして、兄と弟とが裁判

⑬ 所に出てゝ、理非の公判を仰ぐやう[11]の事も、偶[12]世間に聞ゆ

⑭ るは、左の手を以て、右の手を切り、右の手を以て、左の手を

⑮ 割くが如し。誠にあさましき心といふべし。かゝる人は、兄

⑫

个（け）

⑫

連（れ）

⑫

可（が）

⑬

ゝ（踊り字）

⑮

尓（に）

⑮

阿（あ）

10…いうべけれ
11…よう
12…たまたま

⑯弟相親み、相睦むときハ、其間に天然に無上の樂ある情を
⑰知らぬ所ゆゑなるべし。この境界を知らずして、徒[13]に慾に
⑱のミ迷[14]へるハ、夢を見て猶醒めざる人の如し。この情を知
⑲る人より見れバ、或ハ惡[15]み或ハ笑[16]ふことなるらん。論語に

⑯  楽

⑰  恵（ゑ）

⑰  奈（な）

⑰  古（こ）

⑰  須（ず）

⑱  三（み）

⑱  留（る）

⑲  悪

13…いたずら
14…まよえる
15…にくみ
16…わらう

⑳ ㉑ ㉒
も兄弟にハ怡々[17]たりとあり、怡々とい悦び和ぐ事にて、心
中よりあふれ出でゝ言語容貌の間にまで、い[18]ふべからざ
る樂なるをいふなり。

⑳

尓（に）

⑳
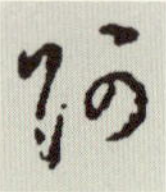
阿（あ）

㉑

ゝ（踊り字）

㉑

貌

㉑

末（ま）

㉑

可（か）

㉒

楽

17…いいたり
18…いうべからざる

# 第二十章　朋友の信

㉓㉔㉕

信とハ、偽り欺かざることにして、言語の誠なるをいふ[19]なり。凡世の中に愍むべきもの、數多けれども、信ある朋友のなきより、[20]あはれなるはなし。人もし友なくともよしとせ

㉓

古（こ）

㉓

奈（な）

㉔

数

㉔

毛（も）

㉕

者（は）

19…いうなり
20…あわれなる

㉖ ば山の奥海のほとりに住みいつるも悔なかるべし。さる
㉗ を寄りつどひて[21]都市町村に住まんことを願ふ[22]は友なく
㉘ てはかなはぬ[23]事あればなり。風の朝雨の夕楽あるも憂あ
㉙ るも信義ある友をもてるは大船にのりたる如きこゝち

㉖ 毛（も）

㉖ 奈（な）

㉖ 可（か）

㉗ 末（ま）

㉘ 者（は）

㉘ 楽

㉘ 阿（あ）

㉙ 船

㉙ 古（こ）

㉙ ゝ（踊り字）

21…つどいて
22…ねがう
23…かなわぬ

㉚すべし。殊に人ハ萬能に長ずるものならねバ、互に朋友の
㉛智慧を借り、またた手をかることも多かるべし。されバ、世に
㉜出でゝ、一身を立てんとするものハ、必友なくてハ、叶ひが[24]
㉝たき道理なり。されども、信義ある朋友ハ、これを得ること、

㉚ 春（す）

㉚ 尓（に）

㉚ 萬 万

㉛ 多（た）

㉝ 連（れ）

24…かない

㉞㉟㊱㊲

誠にかたけれバ、一たび信義ある朋友を得たらんにハ、互
に真心を打ち明けてまことの兄弟の如くにつきあひ[25]、假[26]
初にも偽り欺くことなく、互よ忠告助言して、疾病患難に
遇ハゞ、力の及ばんかぎり、相済[27]ハざるべからず。是をこそ

㉞

可（か）

㉞

多（た）

㉞

个（け）

㉞

連（れ）

㉞

阿（あ）

㉟

尓（に）

㉟

仮

㊲

者（ば）

㊲

済

㊲

須（ず）

25…つきあい
26…かりそめ
27…すくわざる（助ける）

朋友の貴き價とハ云をもめ。さるに、一旦の怒にまかせて、信義を破りまさハ、少しの慾に迷ひて[28]、日頃のよしみを打ちわするゝものあるハ、いかに歎かはしき[29]かぎりならずや。是等ハ、皆信の字の意味を知らぬものとや、いふべき[30]。誠に

㊳

価

㊳

末（ま）

㊳

可（か）

㊵

王（わ）

㊵

春（す）

㊵

毛（も）

㊵

須（ず）

28…まよい
29…なげかわしき
30…いうべき

㊷信の一字ハ人間に鉄くべからざる必要のものにして、こ
㊸れなければ、厚き交際ハ、決して成り立つこと能[31]はず。もし
㊹信なくして世に立たんと思ハゞ、火を焚かずして、湯のに
㊺えんことを望むが如く翼なくして飛ばんと欲するが如
㊻し。

| | | |
|---|---|---|
| ㊷ | 鉄 | 欠 |
| ㊷ | の | 可（か） |
| ㊷ | さ | 古（こ） |
| ㊸ | あ | 奈（な） |
| ㊸ | ま | 者（は） |
| ㊸ | ば | 須（ず） |
| ㊸ | も | 毛（も） |
| ㊹ | ゞ | ゞ（踊り字） |
| ㊹ | ぞ | 春（ず） |
| ㊺ | ゲ | 可（か） |

31…あたわず

## 2　狼と七匹の子羊

（『家庭叢話第一　おほかみ』明治二三年）

グリム童話は世界各国で翻訳され、現在でも世界中で読み継がれています。しかし日本でこのグリム童話がいつ頃紹介されたのかについては、はっきりしたことは分かっていません。現在のところ、明治一九（一八八六）年、日本ローマ字会発行の『ROMAJI ZASSHI』（『ローマ字雑誌』）に掲載された「羊飼いの童」が最初とされています。

明治政府は、日本をいち早く欧米と並ぶ近代国家へと築き上げるため、近代国家の担い手を育てることを重要視していました。そんな中、明治二〇年頃から、グリム童話は子供たちの道徳心を養う教育素材として、教科書や副教材に取り入れられるようになりました。

ここで紹介する「狼」は、のちに著名な近代国語学者となり、明治の国語教育改革の中心的人物でもあった上田万年《かずとし》が東京帝国大学卒業後、絵本として出版した物です。現在も「狼と七匹の子ヤギ」として多くの子ども達に親しまれているお話です（ここでは子羊ですが）。

明治十年代末から二十年代初頭にかけて言文一致運動がおこり、その影響で小学校の国語教科書や児童向け雑誌も口語体で書かれるようになります。「狼」もこの傾向を受けて、口語体で書かれています。下欄を参考にしながら、読み進めてみましょう。

狼《おほかみ》

獨逸　グリム氏　原著

日本　上田萬年　重譯

一

むかし、一《いつ》疋《ぴき》の年《とし》とッた女《め》羊《ひつじ》があッて、七《しち》疋《ひき》の子《こ》供《ども》を可《か》愛《あい》がッて育《そだ》て、居《ゐ》た　ある日《ひ》、その女《め》羊《ひつじ》が、森《もり》へ行《い》ッて食《たべ》物《もの》をとッて来《く》るとて、子《こ》供《ども》たちを呼《よ》びあつめて云《い》ッたハ、みんなハよい子《こ》だから、今《いま》おッかさんが森《もり》へ行《い》ッて居《ゐ》るうちハ、よく狼《おほかみ》小《こ》氣《き》をおつけよ。　もしあれが來《く》ると、お前《まへ》たちハ皮《かは》から毛《け》まで、みんなお食《く》ハ

◆1・2…現代仮名遣い・読み方の表示

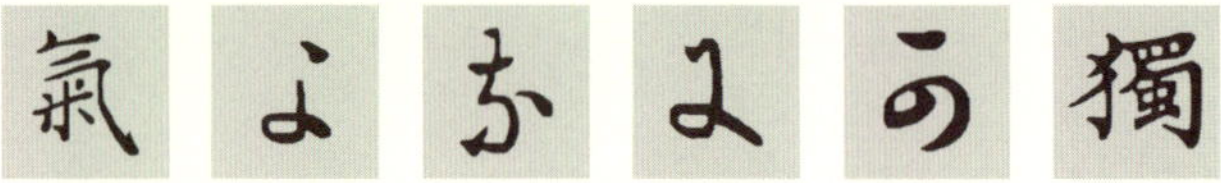

| | | | | | |
|---|---|---|---|---|---|
| 独 | 可(か) | 尔(に) | 奈(な) | 与(よ) | 気 |

れてしまいます。　それは、あれは時《とき》々《ぐ》身《み》にりをかへて來《く》るから、よくあのこい[1]聲《こゑ》と、黒《くろ》い足《あし》とは氣《き》をつけて、だまされないやう《ヨー》[2]におし、と云《いッ》たら、子《こ》供《ども》たちはいづれも、おッかさん。　私たちはおッしや《シャ》るとほ《トー》り[3]、氣《き》をつけませう《ショー》[4]。　心《しん》配《ぱい》せずは、行《いッ》ていらッしやい、とやさしく答《こた》へたゆゑ、その女《め》羊《ひつじ》は、よろこんで、いッさん[5]は森《もり》へと行《いッ》てしまッた。

| 來 | 聲 | 尓 | 由 | 恵 |
| --- | --- | --- | --- | --- |
| 来 | 声 | 尓（に） | 由（ゆ） | 恵（ゑ） |

1…こわい（恐い）
2…よう
3…とおり（通り）
4…しょう
5…一散＝一目散

## 二

しむらくたつと、羊《ひつじ》の小《こ》屋《や》の戸《と》をたゝくものがあッて、よい子《こ》や。こゝをおあけ。おッかさんだよ。みんなに、よいおみやげを、もッて来《き》ました、と[6]云《い》ふ《ユー》のを聞《き》いた子《こ》供《ども》たちは、聲《こゑ》のこ[1]ハい所《ところ》から、これは狼《おほかみ》だ[7]らう《ロー》と、さとッたゆゑ、イーエ戸《と》はあけないよ。お前《まへ》は私《わたし》たちのおッかさんではない。おッかさんの聲《こゑ》は、もッとやさしく可《か》愛《あい》らしいは、お前《まへ》のは、横《わう》柄《へい》

| 志 | 𛁈 | ゝ | 𛂞 | 古 |
| --- | --- | --- | --- | --- |
| 志（し） | 者（ば） | ゝ（踊り字） | 可（が） | 古（こ） |

6…云う＝言う
7…だろう

だ。お前《まへ》ハ狼《おほかみ》だ、と答《こたへ》[8]へた。　それで狼《おほかみ》ハ、薬《くすり》屋《や》へ行《い》ッて、声《こゑ》をやさしくする薬《くすり》を買《か》ッて、これをたべて、さてまた以前《ぜん》の小《こ》屋《や》にたち[9]かへり、戸《と》をたゝいて、よい子《こ》や。　たゝとおあけ。　おッかさんだよ。　みんなによいおみやげを、持《も》ッて来《き》ましたと云《い》[10]ひながら、そのくろい前《まへ》足《あし》を窓《まど》縁《べり》にのせたゆゑ、小《こ》羊《ひつじ》たちハまたも見《み》てとり、云《い》ッたにハ、イーエ戸《と》ハあけないよ。　私《わたし》たちのおッかさんの足《あし》ハ、そんなに黒《くろ》

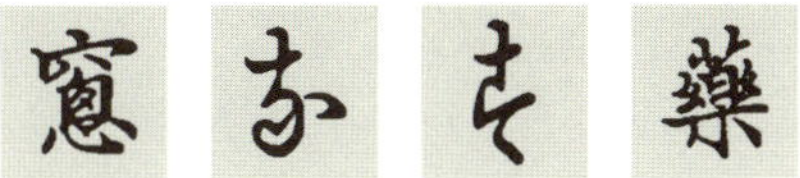

薬　春（す）　奈（な）　窓

8…答えた
9…たちかえり（立ち帰り）
10…云い＝言い

くいない。　お前《まへ》いきッと狼《おほかみ》だら《ロー》う、と答《こた》へた。

そこでまた狼《おほかみ》は、パン屋《や》に行《い》ッて、おれは足《あし》にけがをしたから、一寸《ちよッと》こゝへ、その水《みづ》にした麦《むぎ》粉《こ》を、つけてくれ、と云《い》ッて、[11]さうさせたのち、[12]こんだは粉《こな》屋《や》へかけて行《い》ッて、その足《あし》の上《うへ》へ、白《しろ》い粉《こ》をかけてくれ、とたのんだ。　しかし粉《こな》屋《や》は、またいつもの狼《おほかみ》めが、だれかをだますのだら《ロー》う、と考《かんが》へたゆゑ、かれこれ[13]ぐづ〱していたら、はやくしないと、手《て》前《まへ》を食《く》ッて

| ら | に | に | 麦 |
| --- | --- | --- | --- |
| 良（ら） | 尓（に） | 尓（に） | 麦 |

11…そう
12…こんだ＝今度
13…ぐずぐず

しまふ《モー》ぞ、とおどされて、とう〳〵《トー》その云ふ《ユー》と《トー》
ほり為て、やッた。人《にん》間《げん》は、みんなこんなに弱《よわ》
いものである。

三

かのわるものは、また〳〵羊《ひつじ》の小《こ》屋《や》にたちか
へ《ッ》て、戸《と》をたゝきながら、よい子《こ》や。こゝを
おあけ。おッかさんだよ。森《もり》からみんなに
よいおみやげを、もッて来《き》ました、と云《い》ッたら、家《いへ》
の中《なか》からは小《こ》羊《ひつじ》たちが、どれおッかさんか、おッ

| や | な | な | に | か | こ |
|---|---|---|---|---|---|
| 也（や） | 奈（な） | 奈（な） | 尓（に） | 可（か） | 古（こ） |

14…しまう
15…為て＝して

かさんでないか、[16]まづ足《あし》をお見《み》せ、と答《こた》へた。

狼《おほかみ》はそのとき前《まへ》足《あし》を、窓《まど》縁《べり》の上《うへ》にのせて見《み》せた。　小《こ》羊《ひつじ》たちはその足《あし》が白《しろ》いので、狼《おほかみ》でない、と思《おも》ッて、小《こ》屋《や》の戸《と》をあけた。　すると、なにがはいッた、と考《かんが》へますか。　狼《おほかみ》、さッきからおそれて居《ゐ》た狼《おほかみ》が、ノツソリはいッて来《き》た。

小《こ》羊《ひつじ》たちは見《み》ておどろいた、[17]こはがッて方《はう》々へ隠《かく》れてしまッた。　最《さい》初《しよ》のは机《つくゑ》の下《した》、二《に》番《ばん》目《め》のは寝《ね》床《どこ》の中《なか》、三《さん》番《ばん》目《め》のは膳《ぜん》棚《だな》の中《なか》、四《よ》番《ばん》

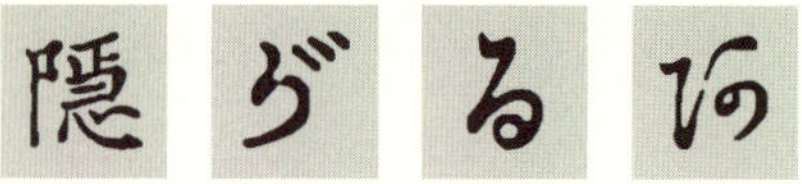

阿（あ）　留（る）　可（が）　隠

16……まず
17……こわがって（恐がって）

目《め》のは臺《だい》所《どころ》の隅《すみ》、五《ご》番《ばん》目《め》のは釜《かま》の中《なか》、六《ろく》番《ばん》目《め》のはせんたく桶《をけ》の中《なか》、七《しち》番《ばん》目《め》のは、時《と》計《けい》箱《ばこ》の中《なか》へと、[18]それ〳〵隠《かく》れてしまッた。しかし狼《おほかみ》は、だん〳〵に見《み》つけだし、ひとつびとつ、まる呑《のみ》にしましたが、中《なか》に一《いつ》疋《ぴき》一《いち》番《ばん》ちいさくッて、時《と》計《けい》箱《ばこ》の中《なか》にかくれた子《こ》ばかりは、とう〳〵見《み》つから[19]なんだ。狼《おほかみ》は腹《はら》がはッたものだから、氣《き》がおもくなり、ぶら〳〵あるき出《だ》して、とある木《き》の下《した》の、青《あを》い草《くさ》庭《には》の上《うへ》にころがッて、われをも

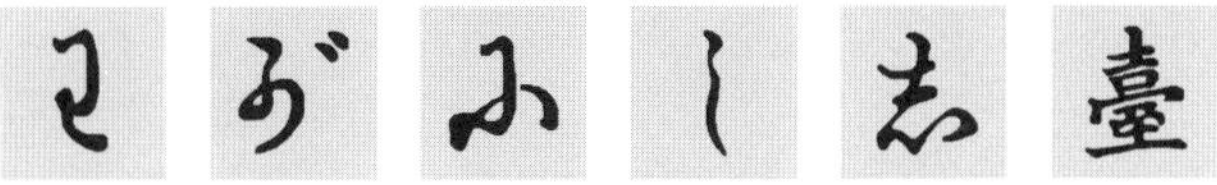

台　志（し）　之（し）　尓（に）　可（が）　王（わ）

18…それぞれ
19…なんだ＝なかった

しらず寝《ね》てしまッた。

四

そのうちにこの女《め》羊《ひつじ》はかへ[20]ッて來《き》た。そこらのありさまはどんなであ[21]ッたらう《ロー》。小《こ》屋《や》の戸《と》はひろくあけはなたれ、机《つくゑ》も椅《い》子《す》もひッくりかへり、せんたく桶《をけ》はこなぐになり、布《ふ》團《とん》も枕《まくら》も寝《ね》床《どこ》からは[22]ふ《ホー》り出《だ》されて居《ゐ》た。子《こ》供《ども》たちをた[23]づねたが、影《かげ》も形《かたち》もなく、それ〴〵の名《な》を呼《よ》んでも、だれも返《へん》事《じ》をしなかッ

ば　須（ず）
椅　椅
團　団

20…かえって（帰って）
21…あったろう
22…ほうり（放り）
23…たずねた（尋ねた）

た。たゞ[24]女《め》羊《ひつじ》が、七《しち》番《ばん》目《め》の、一《いち》番《ばん》ちいさい子《こ》の、名《な》を呼《よ》んだときに、ちいさな声《こえ》で、おッかさん。私《わたくし》はこの時《と》計《けい》箱《ばこ》の中《うち》に居ります、と云《い》ふのがきこえた。母の女《め》羊《ひつじ》は、すぐにその子《こ》をたづね出《だ》し、抱《いだ》きあげて聞《きい》たら、狼《おほかみ》が来《き》て、みなを呑《の》んでしまッた、と云《い》うはなし。アーそのとき、羊《ひつじ》のおッかさんは、子供《ども》たちをく[25]われて、どんなに泣《な》いた[26]ろう、どんなにかなしかッたろう。　このお話《はなし》を聞《き》くみなさんに

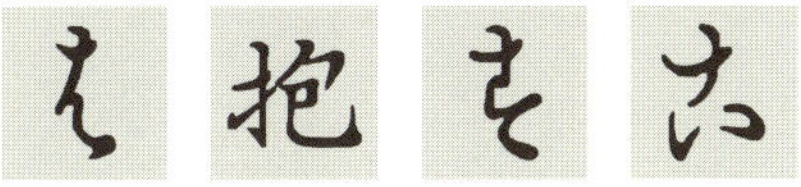
古（こ）　春（す）　抱　者（は）

24…ただ
25…くわれて（喰われて）
26…ろう

は、このときの女《め》羊《ひつじ》の心《こころ》を察《さつ》することが出《で》來《き》ますの。

五

多《おほ》くの子《こ》供《ども》たちを失《うしな》ッて、羊《ひつじ》のおッかさんはかなしみのあまり、家《うち》にも居《ゐ》たゝまれんで、外《そと》へ出《で》て、ひとり残《のこ》ッた子《こ》供《ども》とともに、かの青《あを》い草《くさ》庭《ふハ》の邊《ほとり》まで来《き》たところ、狼《おほかみ》が木《こ》の葉《は》もふ27るへ28さーう《ソー》な大《おほ》いびきをかいて、寝《ね》て居《ゐ》るのに出《で》あッた。女《め》羊《ひつじ》は近《ちか》よッてよくく見《み》れば、か

| が | な | に | 残 | に | 邊 |
|---|---|---|---|---|---|
| 可（が） | 奈（な） | 尓（に） | 残 | 尓（に） | 辺 |

27…ふるえ（震え）
28…そうな

にか腹《はら》の中《なか》で動《うご》きまハる[29]やう《ヨー》す[30]、アーありがたい、さう《ソー》して[31]見《み》ると、狼《おほかみ》めが呑《の》んだ子供《こども》たちハ、まだ〱生《い》きて居《ゐ》ると見《み》える、と考《かんが》へて、自分《じぶん》の家《いへ》へかけて行《いッ》て、はさみと針《はり》と糸《いと》とを持《もッ》て來《き》て、まづはさみで狼《おほかみ》の腹《はら》を切《き》りはじめた。一寸《ちよッと》切《きッ》たら、中《なか》から、ちいさな羊《ひつじ》が、一寸《ちよッと》顔《かほ》を出《だ》した。だん〱切《きッ》て行《い》けば、だん〱体《からだ》を出《だ》して、とう《トー》〱六足《ろつぴき》ながら、満足《まんぞく》に出《で》て來《く》ることができた。みんなハよろこ

| と | と | 切 |
| --- | --- | --- |
| 止(と) | 止(と) | 切 |

29…まわる(回る)
30…ようす(様子)
31…そうして

んだ、おッかさんをとりまいて、[32]跳《おど》ッてうれしがッた。　そのとき女羊《ひつじ》が子《こ》供《ども》たちに云《い》ッたには、お前《まへ》たちはそこらへ行《い》ッて、大《おほ》きな石《いし》を持《も》ッておいで。　それをこの腹《はら》の中《なか》へかはりにいれて[33]おかう《コー》、とて、やがて澤《たく》山《さん》の石《いし》を、狼《おほかみ》の胃《ゐ》ぶくろの中《なか》へつめこみ、それから針《はり》と糸《いと》とで、きり口《くち》を縫《ぬ》ッておいた。　これはみんな狼《おほかみ》が寝《ね》て居《ゐ》た内《うち》のことで、起《お》きてのちまで、ちッとも知らなかッたことであッた。

尓（に）　奈（な）　古（こ）　沢　久（く）　寝　起

32…跳《おど》って
33…おこう

六

やがて狼《おほかみ》は起《お》きあがり、あるきはじめたが、石《いし》が胃《ゐ》ぶくろの中《うち》にあったから、咽《の》喉《ど》が[34]かはいてたまらなかった。そこで水《みづ》を呑《の》[35]まう《モー》と思《おも》ッて、小《こ》川《がは》のふちへと出《で》かけたが、あるくにつれて、石《いし》が体《からだ》の中《なか》でごろ〱した。骨《ほね》にあたッてがらくらするのは、なんだ[36]らう《ロー》、どうも、ちいさな羊《ひつじ》ではないや[37]う《ヨー》だ。とんと大《おほ》きな石《いし》のやう《ヨー》だが、な[38]ど、ひとりごとを云《い》ひな

可（が）

可（が）

春（す）

34……かわいて（渇いて）
35……呑もう
36……だろう
37……ようだ
38……などと

ぐら、やがてそのふちに行《い》ッて、こゞんで水《みづ》を呑《の》まう《モー》としたら、おもい石《いし》が一《いッ》方《ぱう》によりすぎて、体《からだ》のつりあいがなくなッたものだから、足《あし》をすべらし、川《かは》の中《なか》へおッこッた。この騒《さわ》ぎに氣《き》がついて、小《こ》羊《ひつじ》たちが出《で》て来《き》て見《み》れば、水《みづ》の中《なか》には狼《おほかみ》が大《たい》層《そう》苦《くるし》んで居《ゐ》た。そこでみんなはよろこび、大きな聲《こゑ》で、ヤー狼《おほかみ》は死《し》んだ〳〵、ヤア狼《おほかみ》は死《し》んだ〳〵、とさけびながら、堤《つゝみ》の上《うへ》でおッかさんをとりまいて、跳《をど》りまはッ

| ゞ | 騷 | 層 | 聲 |
|---|---|---|---|
| ゞ（踊り字） | 騒 | 層 | 声 |

てうれーゔッた、とさ。

○注意

(一)い。の字《じ》ハ凡《すべ》てわ。、へ。の字《じ》ハ(返事《へんじ》き)のへを除《のぞ》き凡《すべ》てえ。、[39]おほかみ(狼)[40]かほ(顔)等《とう》のほ。の字《じ》ハお。と讀《よ》むべし(二)ッ。の字《じ》いつまりたる音《おん》の符《ふ》喋《てふ》なり(三)又《また》ー。の符《ふ》牒《てふ》兩字《りやうじ》の間《あひだ》ふあれバ兩字《りやうじ》の示《しめ》す音《おん》一《ひとつ》ヿ鎔《よう》化《くわ》せるを示《しめ》し片《かた》假《か》字《な》の下ヿあれバその假《か》字《な》の示《しめ》を音《おん》を長《なが》く發《はつ》聲《せい》するこヿヿ知《し》るべし

| 𛀁 | 㝵 | 讀 | 喋 | 兩 | 假 | 發 |
|---|---|---|---|---|---|---|
| 王(わ) | 等 | 読 | 「牒」の誤り | 両 | 仮 | 発 |

39…おおかみ(狼)
40…かお(顔)

明治廿二年九月一日印刷
同　年十月五日出版

版權登録

重譯者　愛知縣士族
上田萬年
本郷區駒込西片町十番地

印刷兼發行者　東京府平民
吉川半七
京橋區南傳馬町一丁目十二番地

| 傳 | 區 | 萬 | 譯 | 縣 | 廿 |
|---|---|---|---|---|---|
| 伝 | 区 | 万 | 訳 | 県 | 二十 |

## 3 子猿の親猿を想う情愛（『新体読方書』明治二〇年）

本節では、明治二〇（一八八七）年に刊行された『新体読方書』のなかから、道徳的な内容を持った二点の文章を取り上げます。同書は、塚原苔園が編集し、石川書房から刊行された木版刷りの小学校向け国語教科書です。なお、前年の明治一九年から、教科書の検定制度ができましたが、同書はまだ国定教科書ではありません。

最初に掲げたものは、太郎と二郎の兄弟の会話が中心の話です。太郎宛てに友人の松吉から手紙が届き、その手紙を弟の二郎に見せて、手紙が読めるかどうか、内容が分かるかどうかを問いかけます。二郎は見事にその問いかけに答え、太郎から誉められるという内容です。

続いては、信濃国（現、長野県）に住む狩人と猿の話です。狩人が山で捕らえた猿を家の梁《はり》に吊るして眠っていると、夜更けになって子猿たちが吊るされた親猿の周りに集まってきて、冷えた親猿の足をさすったり体をこすったりしました。子猿たちの健気な様子を見た狩人は、親猿の縄を解いて逃がします。猿でも親孝行をするのだから、人も親孝行をしなければなりませんという内容です。

特定の江戸かなや漢字がくずし字になっていますが、下欄を参考にして読んでみましょう。

太郎のもとへ其友だちの松吉が方
より手紙をよこした
り○太郎ハ見をはり[1]
て、其弟の八年になる
二郎をよびて曰く二
郎さん、お前ハ此の手
紙がよめますか、又わけがわかりま
すかと問へり[2]○二郎ハ其手紙を見
るに左の如くしたゝめたり

可（か《゛》）　尓（に）　此　可（か《゛》）　王（わ）　志（し）　多（た）

◆1・2…現代仮名遣い・読み方の表示
1…おわり（終わり）
2…問えり

御目にかゝりたき用むきあり　今夕
御出で下されたし
二月三日　　　　松吉
太郎様

二郎ハ右とよみをはりて曰く此お手紙ハ「お目にかゝりたい用があるから、今日の夕がた來て下さい」との文言なりと答[3]へたり○太郎ハ二郎のよく讀み、又よくでありたると見て大いに譽めたり

3…答え

| 古字 | 答え |
|---|---|
| 御（くずし字） | 御 |
| 様（くずし字） | 様 |
| お（変体仮名） | 於（お） |
| か（変体仮名） | 可（か） |
| 來 | 来 |
| 荅 | 答 |
| 讀 | 読 |
| 譽 | 誉 |

ここからは狩人と猿の話です。
ここでは、「者」（は）、「尓」（に）、「王」（わ）、「多」（た）、「奈」（な）、「个」（け）に注目してください。

むかし信濃の國に一人の「かりうど」[4]
ありありある日山にて一ぴきの大猿
をつかまへて[5]家にかへれり[6]あす
の朝ハ此猿の皮をむき町にもちゆ
きてうらん[7]、と思ひ[8]、猿の手足をしば
りて「はり」へつるし、おのれハ其わき
へねむりたり

國
国

者（は）

4…かりゅうど（狩人）
5…つかまえて（捕まえて）
6…かえれり（帰れり）
7…うろう（売ろう）
8…思い

夜、枕、目、親、火、皆、孝行、

夜ふけになりて、何やら枕もとにて物おとするに、「かりうど」ハふと目をさましたり。枕をあげてわきを見れば、いつのまにか多くの小猿かきて、「ばり」につるされし親猿のまはり[9]を取まき居たり。其小猿の中にハ、しばられたる親猿の手足をさする

尓（に）

王（わ）

可（か）

多（た）

9…まわり（周り）

もあり、又「ゐろり」[10]の火ハ手をあたゝめ[11]て、ひえさる親猿のからだをこするもあり皆親猿のてい[12]を見て、なきかなし[13]めり○「のりうど」ハ此ていを見て、大いにかんじ子猿の孝行をあはれみ[14]

ゐ　為（ゐ）

は　者（は）

10……いろり（囲炉裏）

11……あたため（暖ため）

12……てい＝体

13……泣き悲しんだ

14……あわれみ（憐み）

て親猿の「なは」[15]をとき、はなしやりけり[16]

祖父ハ此話を、はなしをはりて[17]。猿ハ「けだもの」なれども親孝行をします、まして人ハ、親に孝行をしなければなりません。といへり[18]

奈（な）

个（け）

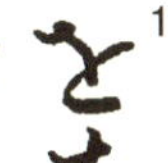
多（だ）

15……なわ（縄）
16……放してやった
17……おわり（終わり）
18……いえり（言った）

## 4　維新御布告往来を読む

（『維新御布告往来』明治六年）

江戸時代の寺子屋教科書を代表する『百姓往来』『商売往来』などは、成人して就業するにあたり必須となる基礎用語や書簡文例を習得するためのたいへん有効な教材で、これらを総括して「往来物」と呼んでいます。

明治維新は、幕藩体制が崩壊して立憲君主国家に移行する革命でありました。動乱期間を経て新体制に落ち着くまでの間に次々と発せられる新政策の御布告に対し、民衆は戸惑うばかりだったと察せられます。そうした時期の明治六（一八七三）年に、この『維新御布告往来』が出版されました。新政府の組織・機構から国民の生活準拠まで、用語集の形で編集されたこの本は、初等科教科書の域を超えて広範囲に供給されたように思われます。

ここに掲げたのは、太陽暦と時法の採用にともなう常識事項を抜粋した部分です。旧暦では一月が春なのに、新暦一月は冬から始まること、一時間の長さは夏冬とも変動なし、午前・午後を頭につけた十二時間制を丁半で説明するなど、頭の切り替えをさせる工夫が読み取れます。くずし字で書かれていますが、下欄を参考にしながら読み解いてみましょう。

童蒙必讀　二編

維新

御布告往来

東京　思明樓藏版

蔵　楼　明　京　往　読　蒙

## ✲語注・文意

※１　関東地方の名称「吾妻《あづま》」は、まさに名の通り（「名詮自称（性）」は仏教語。名実相応ずること）で、今や東天から陽が昇り輝いて皇居が設けられた。

※２　内裏《だいり》を江戸に遷して。

※３　人の多い大阪府と東京・京都の三都とも、高く棟を上げた大工と同音の大区、その下の小区と町割をして番地を決めたこと。

※４　暦の吉凶をつかさどる八将神が造りあげた、女子にも読める陽暦の暦。

※５　十二支冒頭の子《ね》の月を一月とした。

※６　旧暦の春は一月から、冬は十月からだったが、新暦では冬が十一月からとなって年を跨ぐことになった。

※７　時数を丁半に区分して、遇《ちょう》（偶）数時は従来通り（二時間刻み）、奇数時はその半分（一時間）になる。例えば、新しい一時《いっとき》は（奇数につき）旧称の九つ半、二時は（偶数につき）旧称の八つになる。

※８　新暦は、定時法で時・分・秒であるが、旧暦では日の出から日没までを等分するため、季節により一時《いっとき》の長さが変わる。

※９　ドンタク（オランダ語で休日・日曜日）は、日本の一六日（毎月一と六のつく日が休日であったこと）にあたるが、軍務校が他に先駆けて日曜日を休日とした。

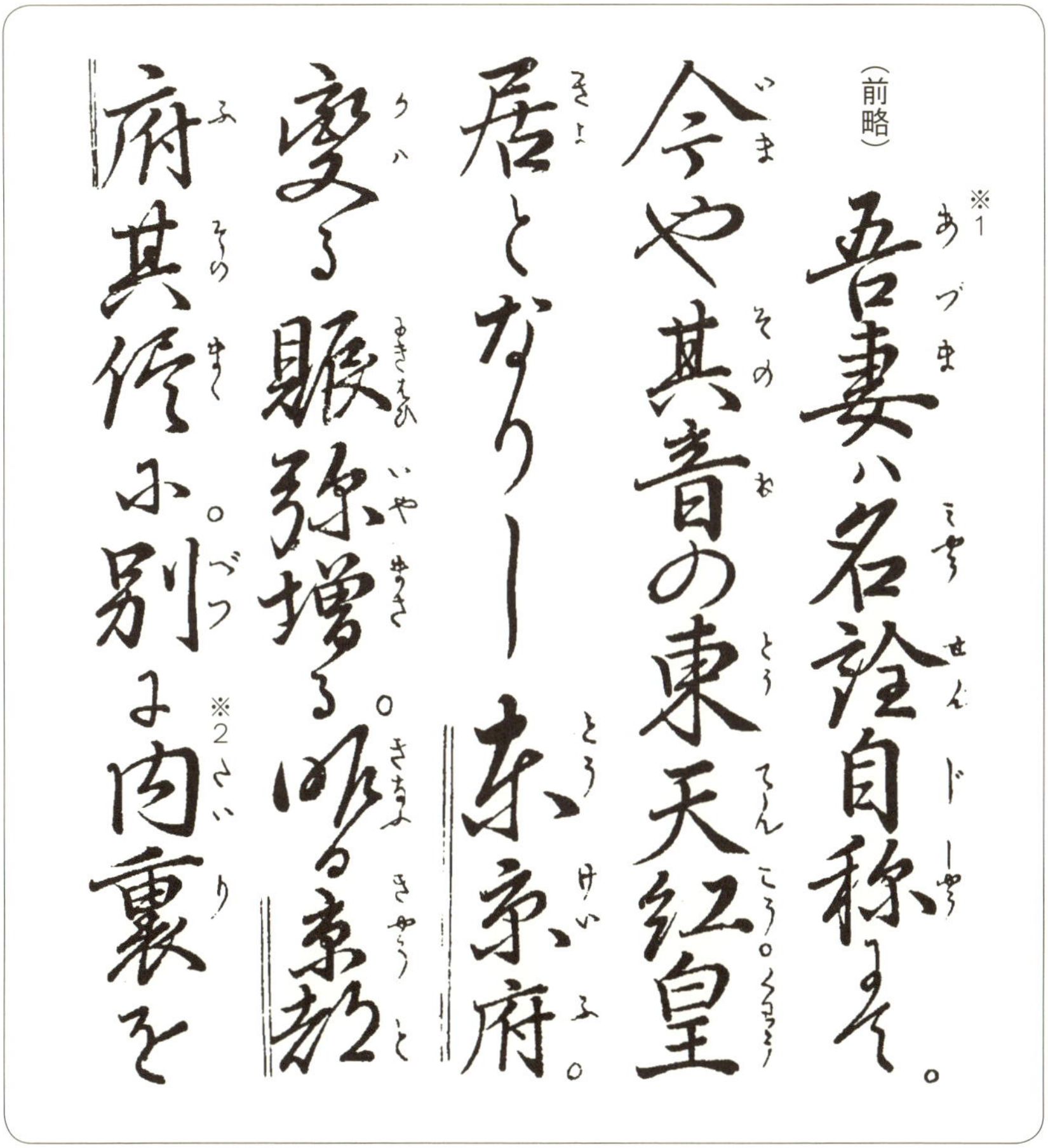

（前略）
※1 吾妻《あづま》ハ名《みやう》詮《せん》自《じ》称《しやう》尓天。今《いま》や其《その》音《おん》の東《とう》天《てん》紅《こう》皇《くわう》。居《きよ》となりし東《とう》京《けい》府《ふ》。変《かは》る賑《にぎはひ》弥《いや》増《まさ》る。昨日《きのふ》京都《きやうと》府《ふ》其《その》侭《まゝ》尓。別《づ》ニ※2内《さい》裏《り》を

尓天（にて）　紅《こう》　東京《とうきょう》　変《かわ》る　昨日《きのう》　京都《きょうと》　侭《まま》＝儘　尓（に）

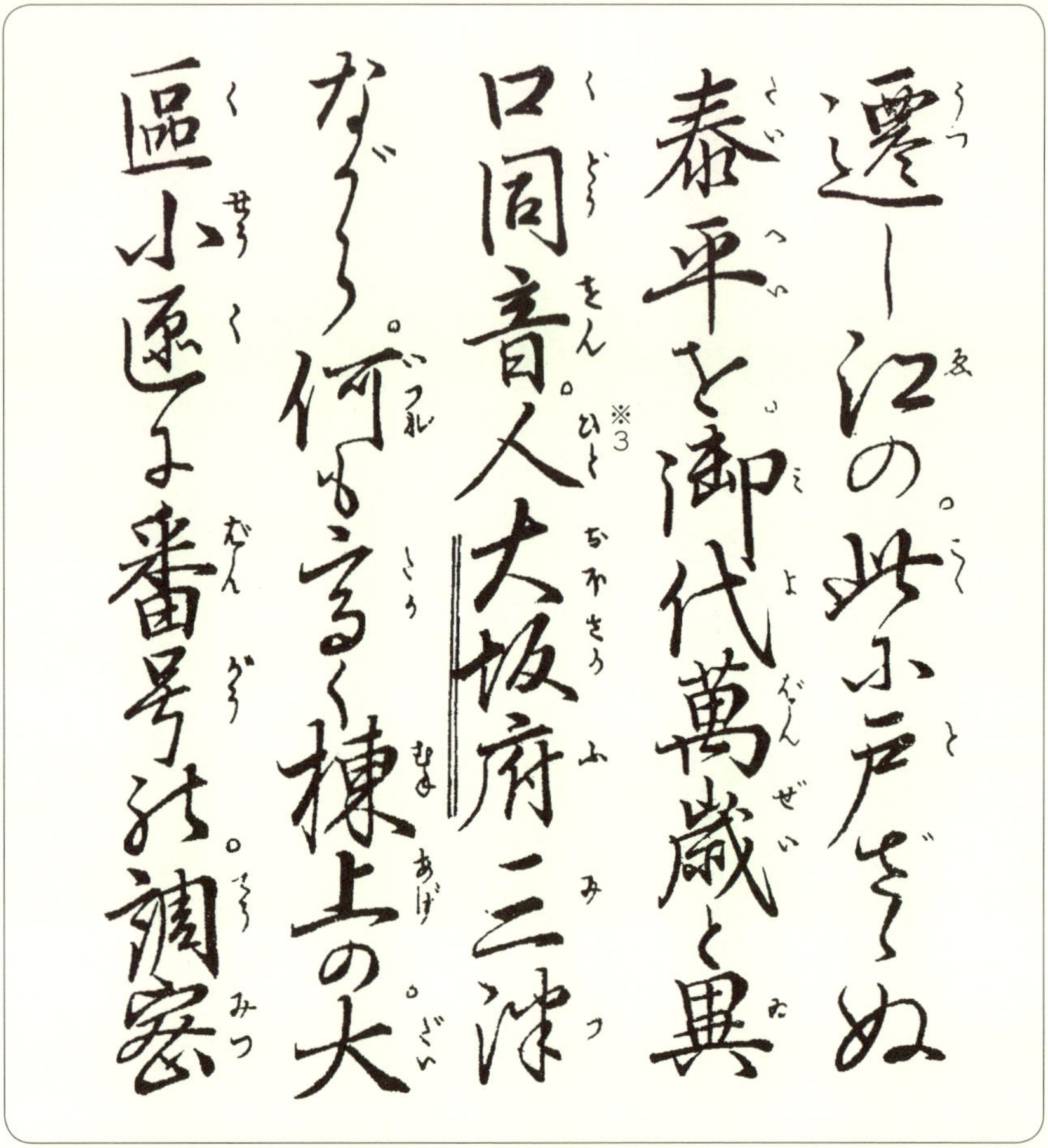

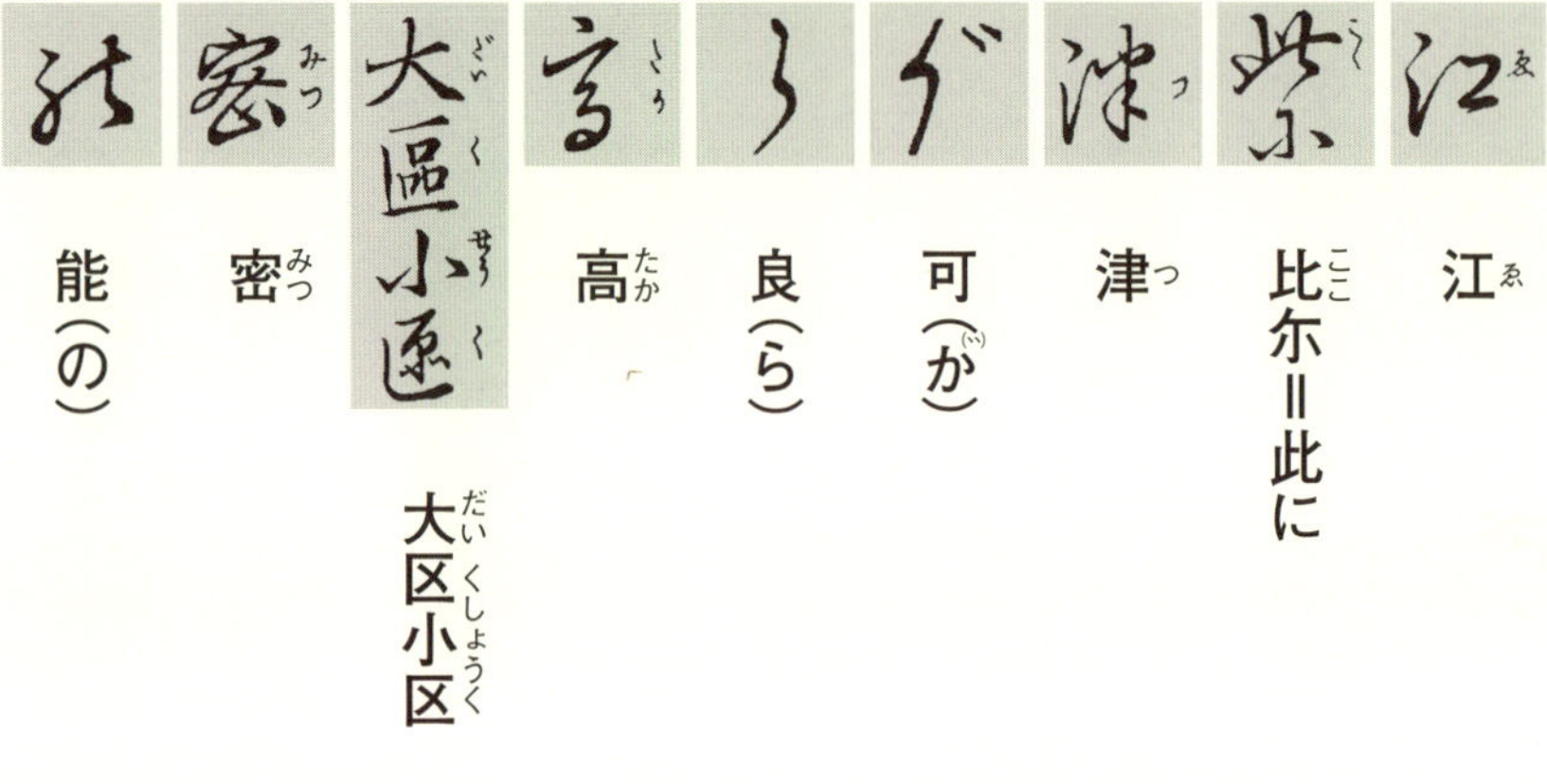

江《ゑ》

比尓《ここ》＝此に

津《つ》

可（が）

良（ら）

高《たか》

大区《だいく》小区《しょうく》

密《みつ》

能（の）

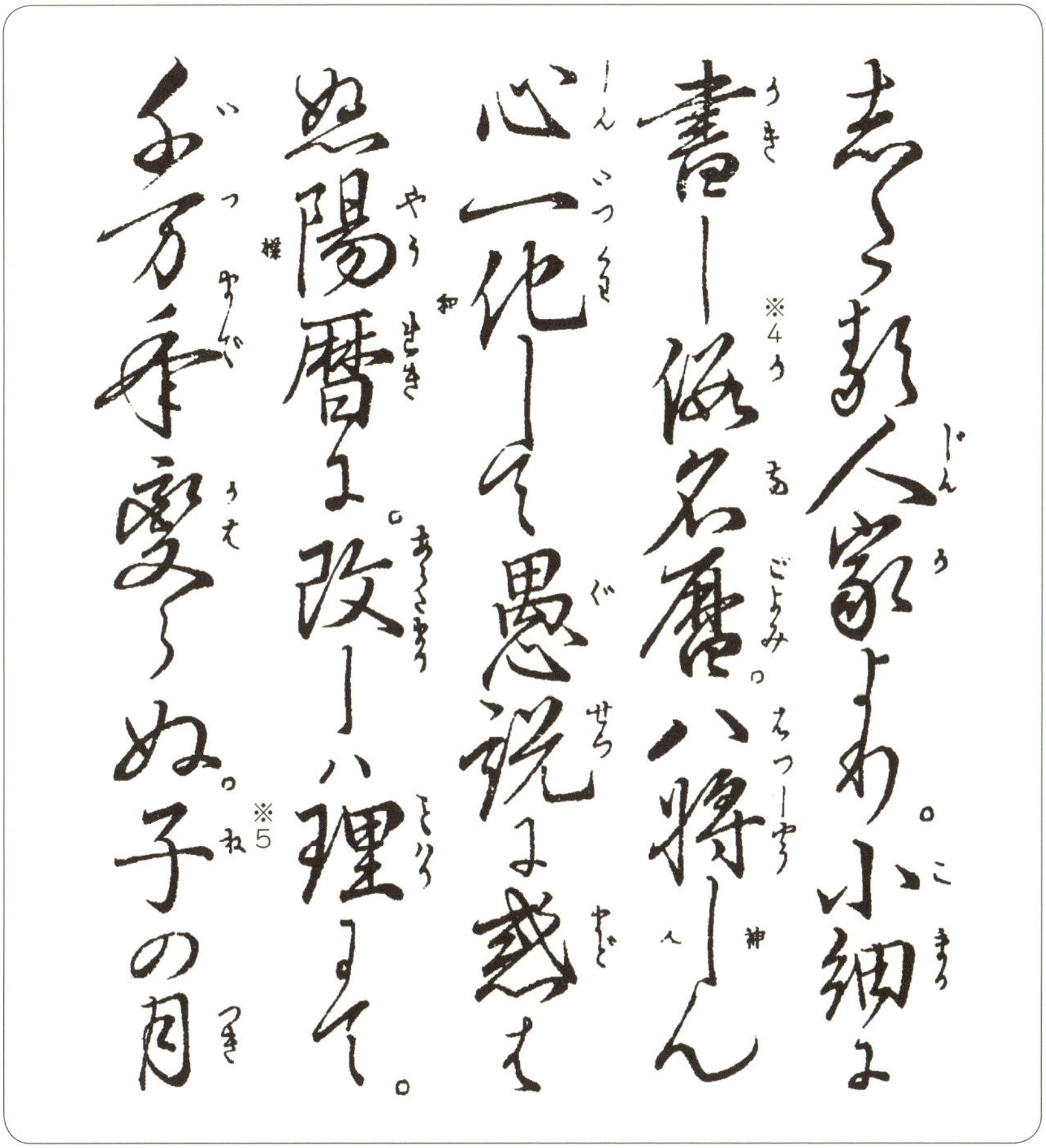

志(し)
多(た)
類(る)
利(り)
小細《こまか》
假《か》＝仮
者(は)
怒(ぬ)
千万年《いつまで》

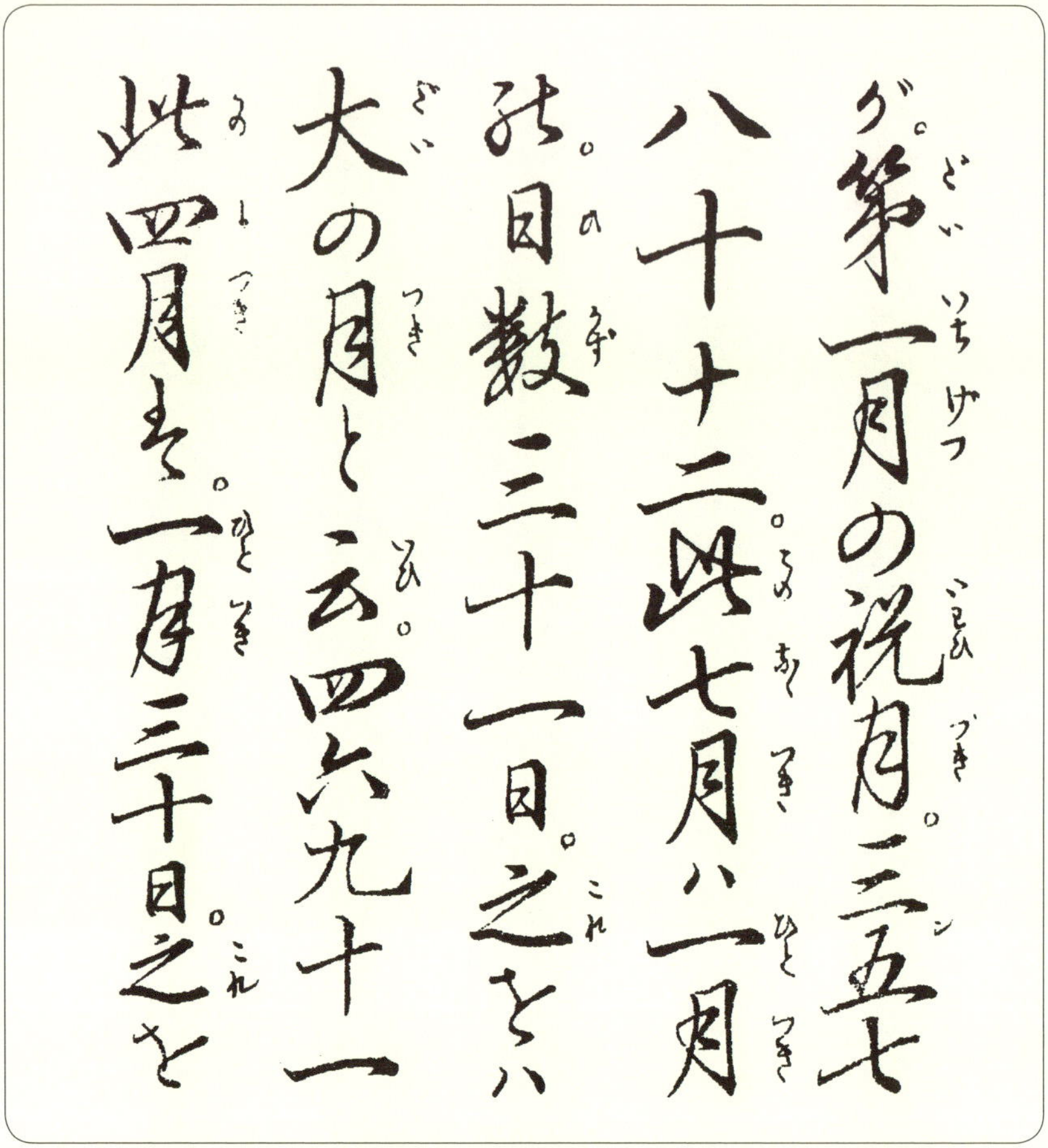

が。第《だい》一《いち》月《げつ》の祝《いはひ》月《づき》。三五七
八十十二。此《この》七月ハ一《ひと》月《つき》
能《の》日数《かず》三十一日。之《これ》をハ
大《だい》の月《つき》と云《いひ》。四六九十一
此《この》四月《つき》盤。一《ひと》月《つき》三十日。之《これ》を

祝《いわい》

能（の）

数《かず》

盤（は）

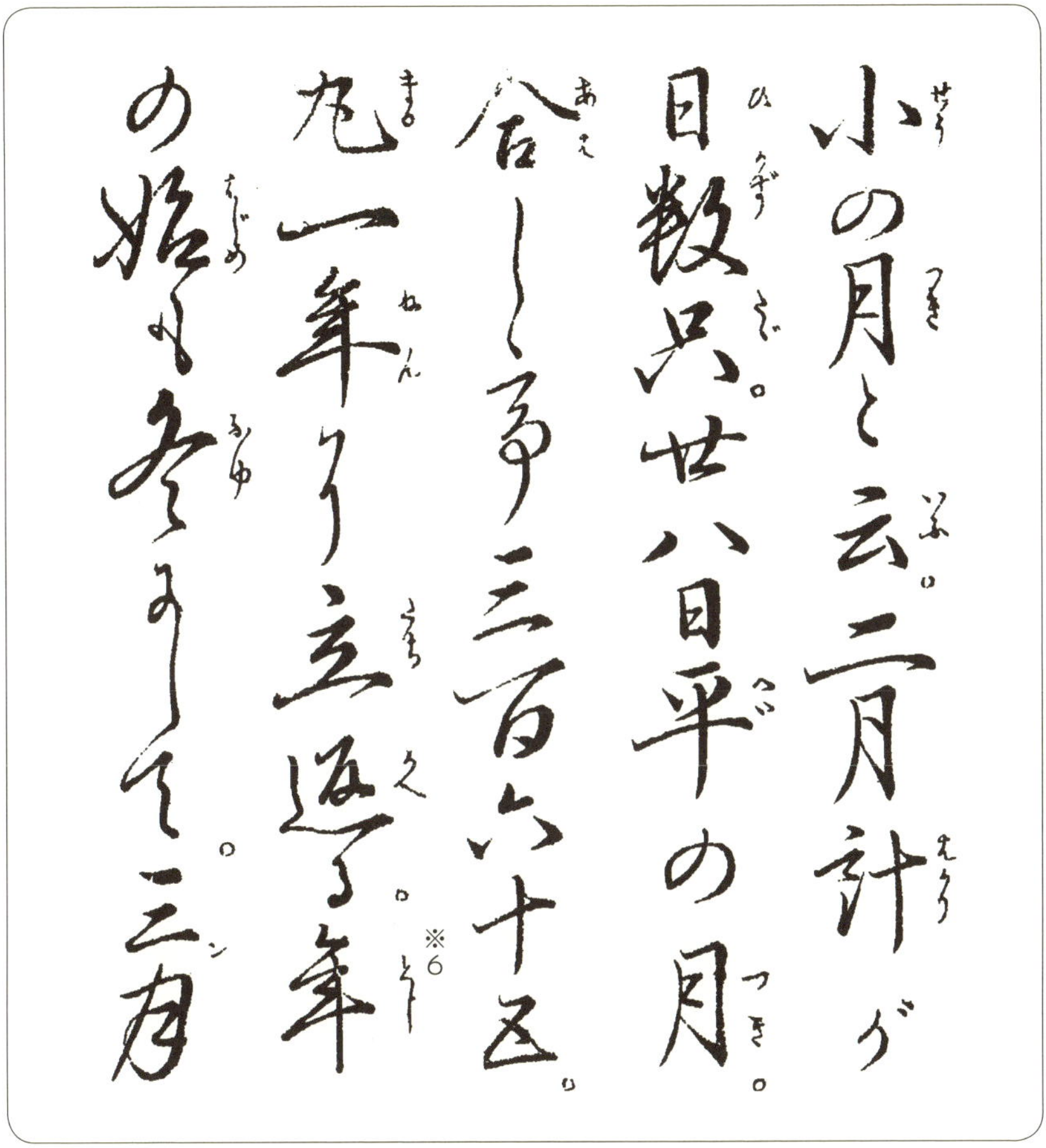


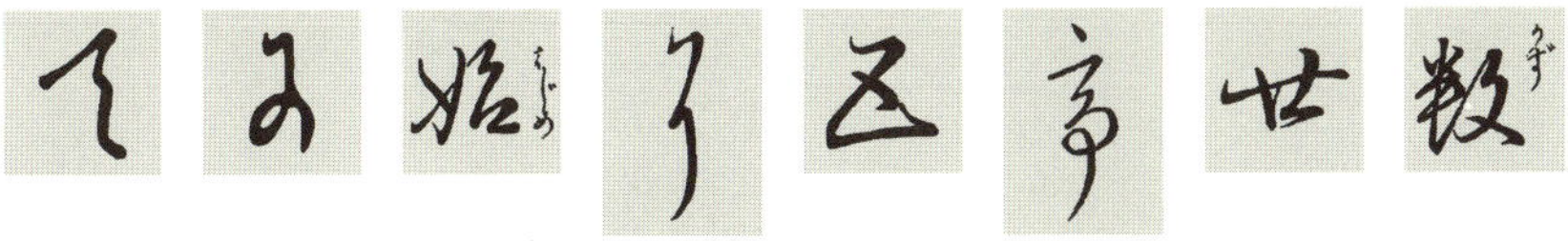

数《かず》

廿＝二十

亭（て）

五

耳（に）

始《はじめ》

尔（に）

天（て）

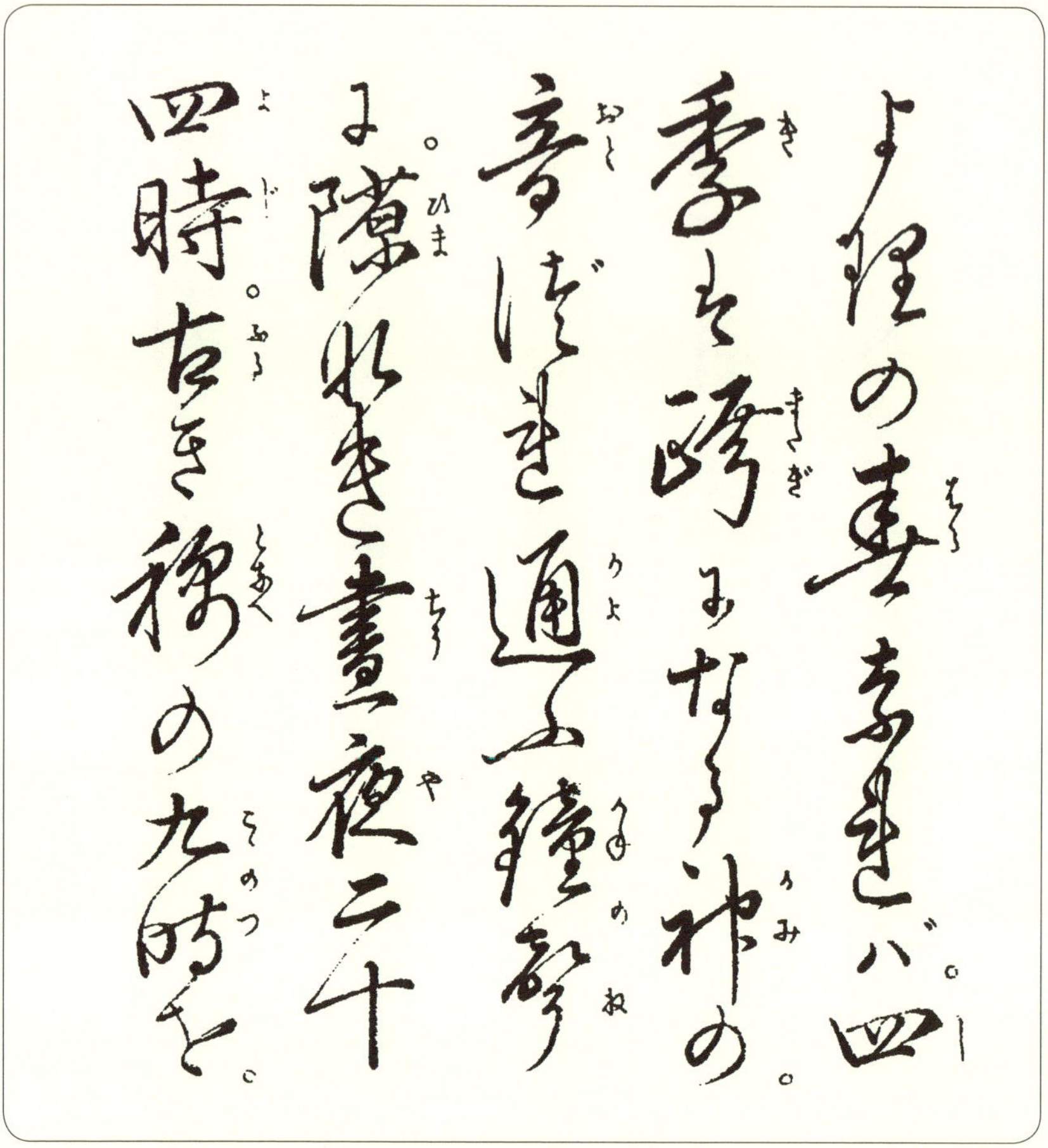

理（り）

春《はる》

奈（な）

連（れ）

跨《またぎ》

徒（づ）

不（ふ）

鐘《かね》の聲《ね》（声）

隙《ひま》＝隙

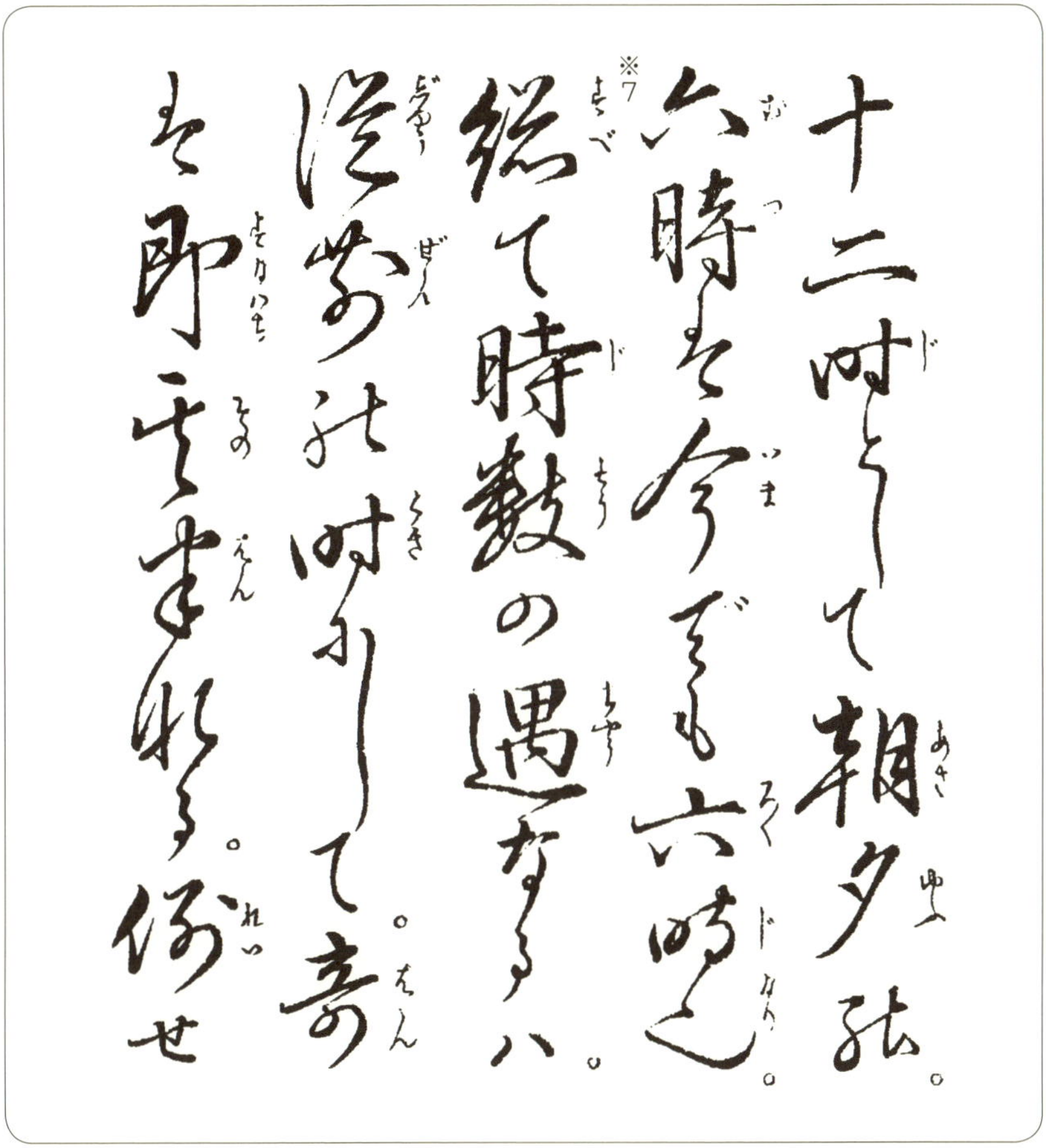

那（な）

晝《ちゅう》（昼）夜《や》

称《となえ》

九時《ここのつ》

也《なり》

総《すべ》て

従前《じゅうぜん》

其半《そのはん》

例《れい》

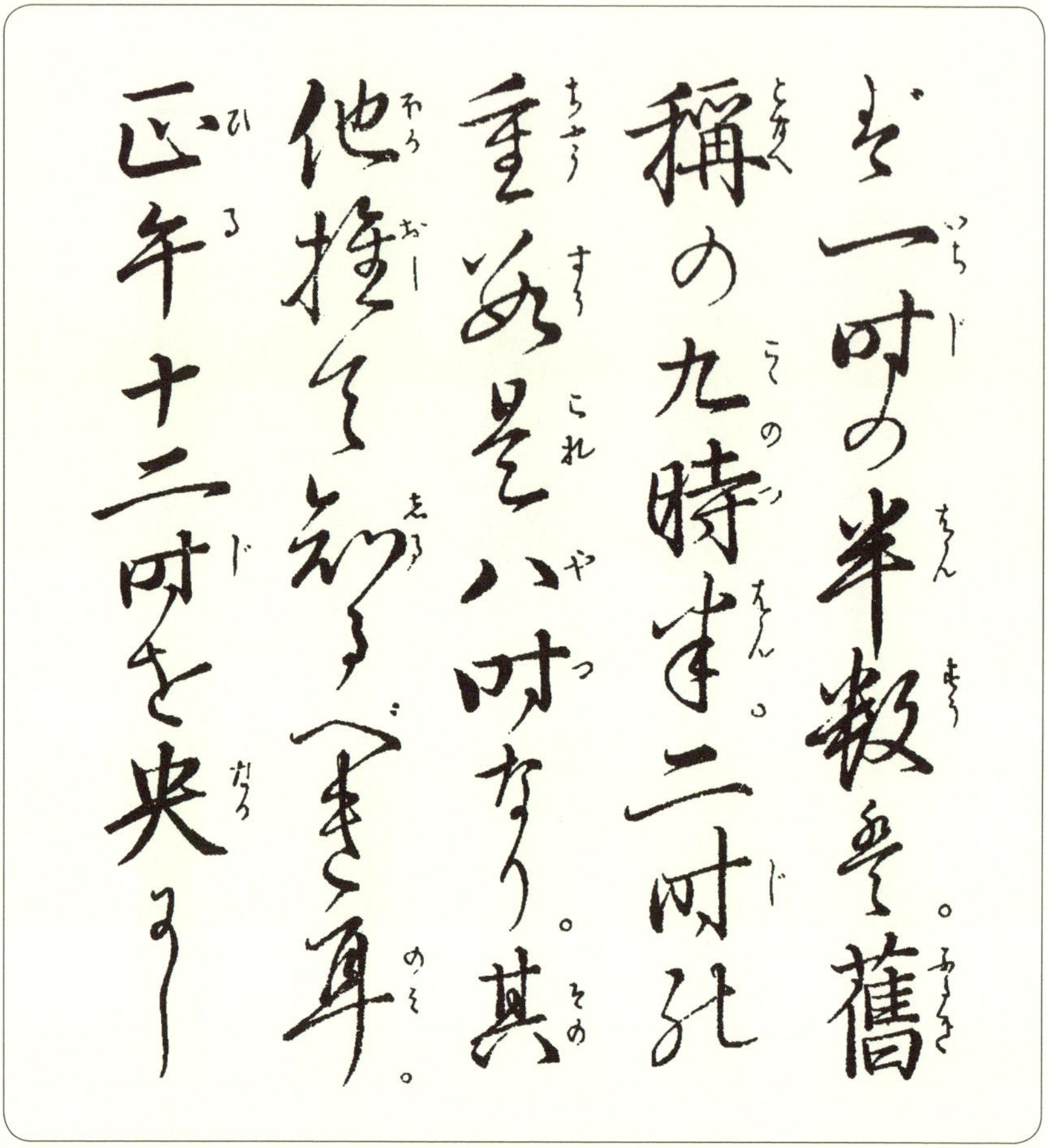

盤(ば)

盤(は)

舊《ふるき》(旧)

稱《となえ》(称)

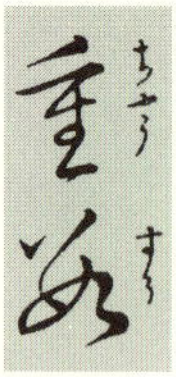

重数《ちょうすう》

是《これ》

推《おし》て(天)

正午《ひる》

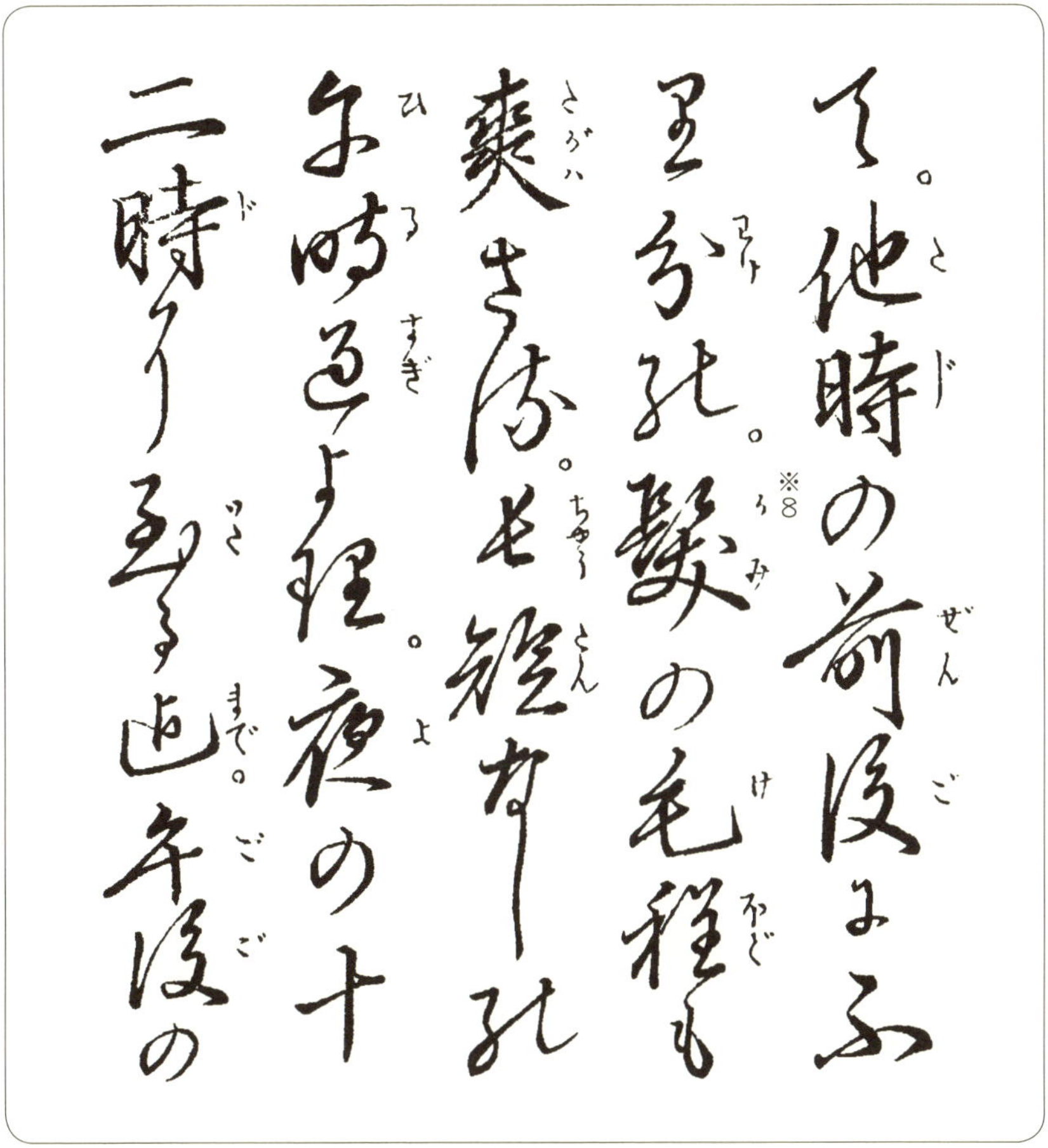

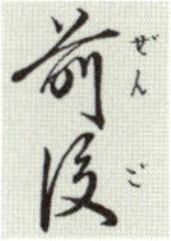

前後《ぜんご》

里（り）

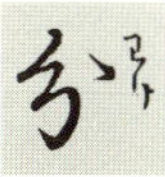

分《わけ》

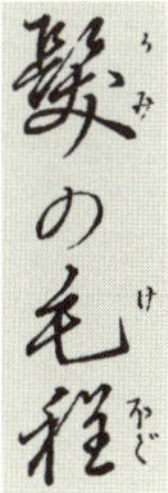

髪《かみ》（髪）の毛程《けほど》

爽《たがわ》

流（る）

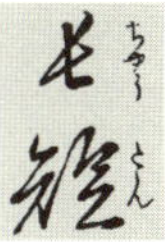

長短《ちょうたん》

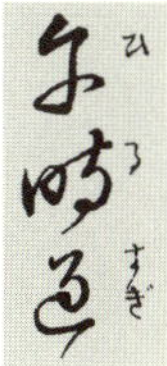

午《ひ》時《る》過《すぎ》

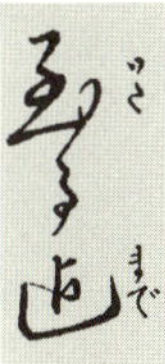

至《いた》る迄《まで》（迄）

何(なん)時(じ)と之(これ)を云(ひっ)夜(よ)の一
時(じ)より年(とし)が明(ひ)ける。千(せん)
前(ぜん)何(か)時(じ)と之(これ)を云(い)同(どう)時(じ)の
名(な)をも勿(なく)つ乙(いっ)枚(さて)ドン
タクを皆(みな)一(いち)六(ろく)番(ばん)その

| 皆(みな) | 枚(さて) | 何(か)時(じ) | より | 夜(よ) |
|---|---|---|---|---|
| 皆(みな) | 扨(さて) | 何時(なんじ) | 与利(より) | 夜(よ) |

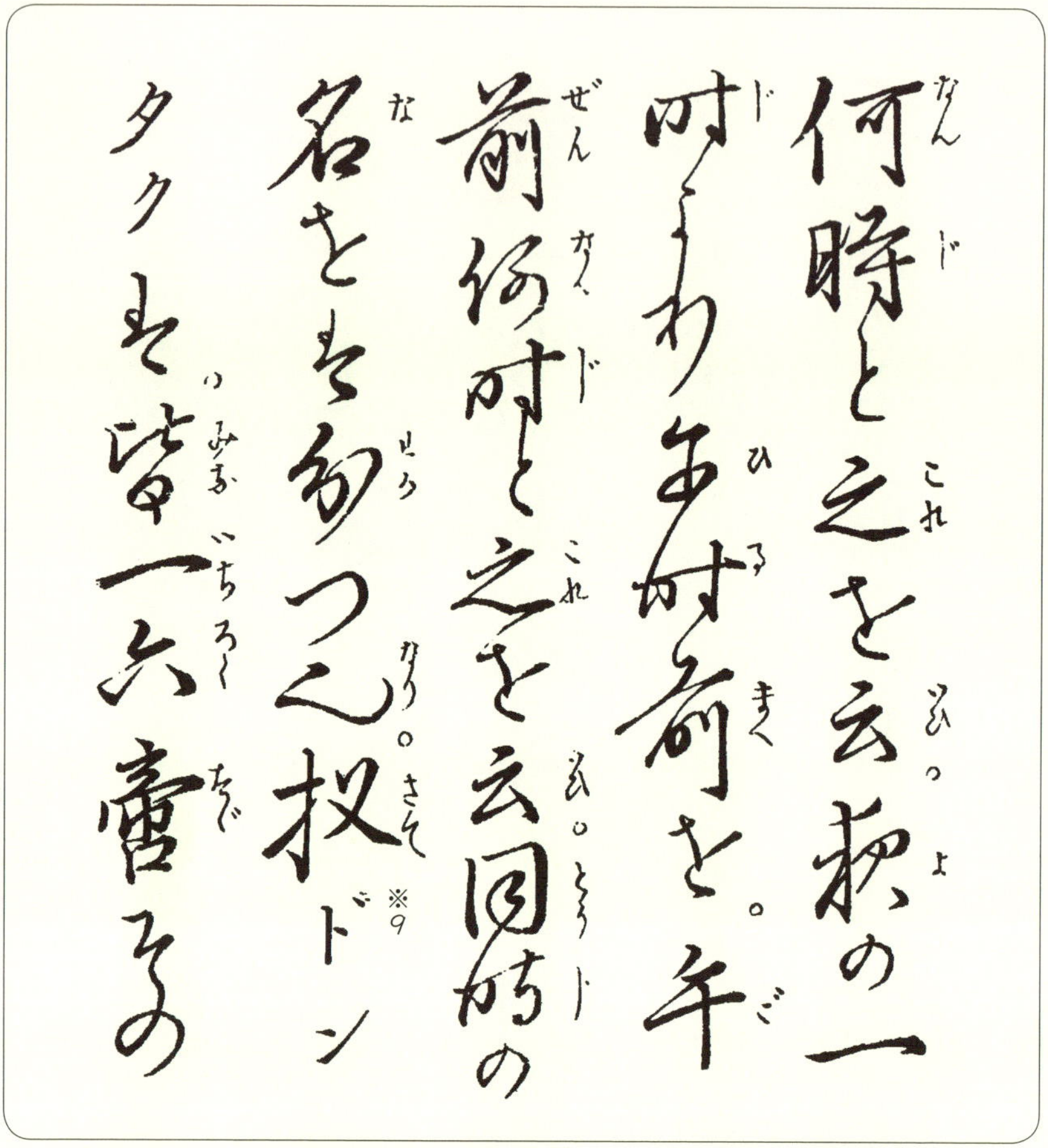

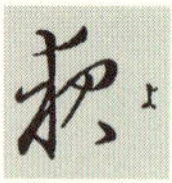

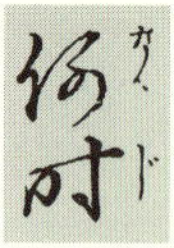

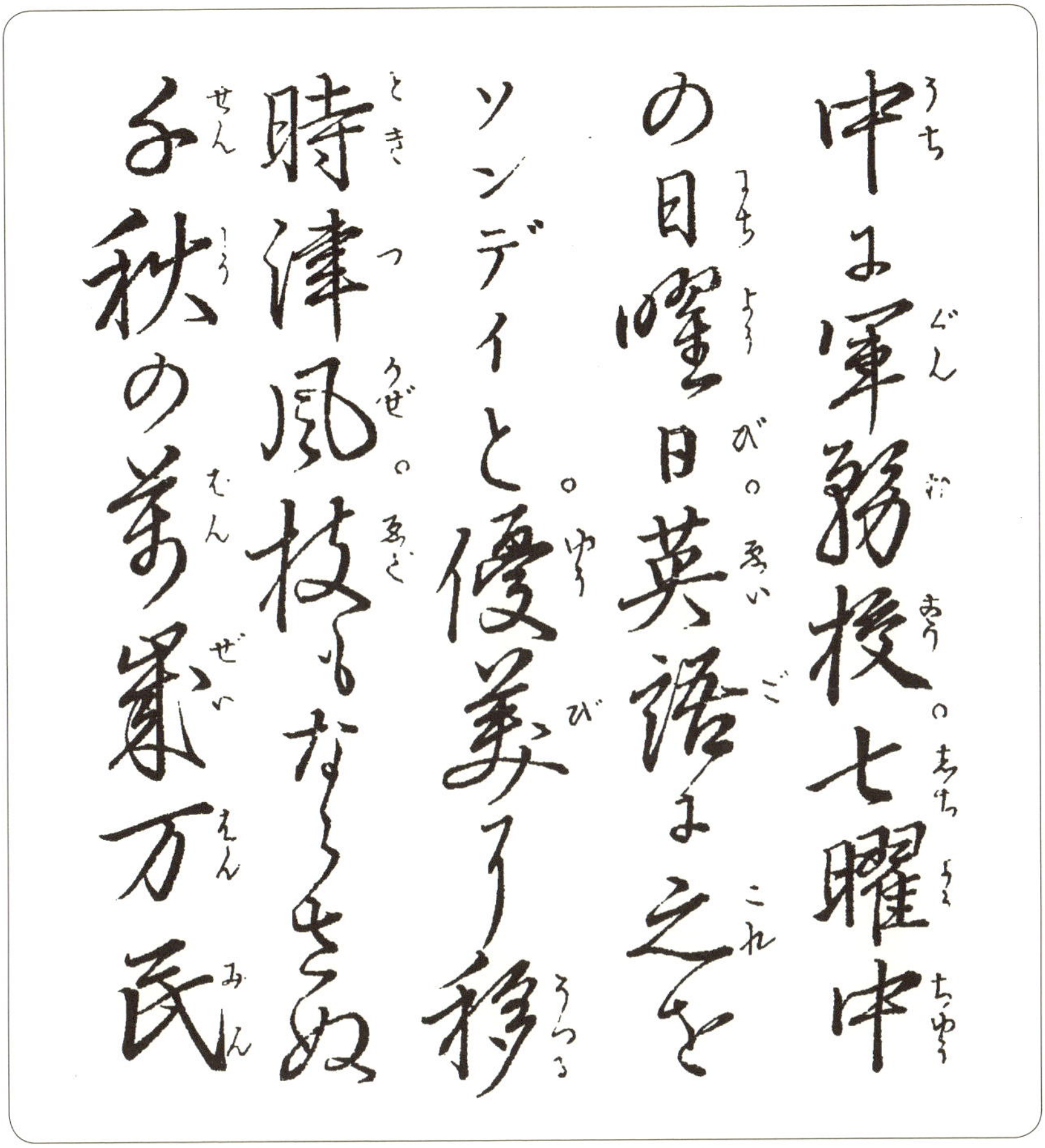
中は軍《ぐん》務校の七曜中の日曜日の英語《ご》は之《これ》をソンデイと優美《び》に移る時《とき》津《つ》風の枝もならさぬ千《せん》秋の萬歳《ぜい》万民《みん》

軍《ぐん》務《む》校《こう》

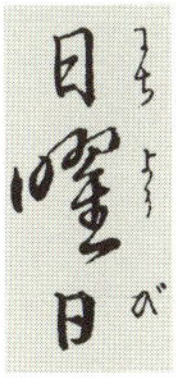
日曜日《にちようび》

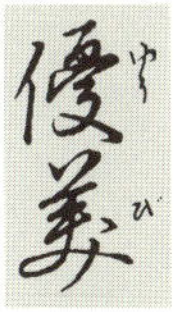
優美《ゆうび》

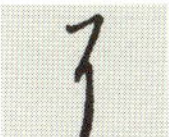
耳（に）

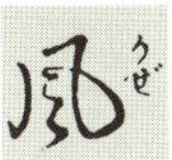
風《かぜ》

良（ら）

千《せん》

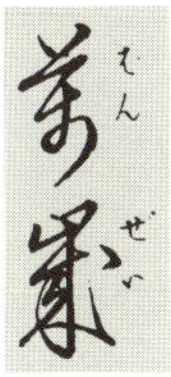
萬《ばん》（万）歳《ざい》

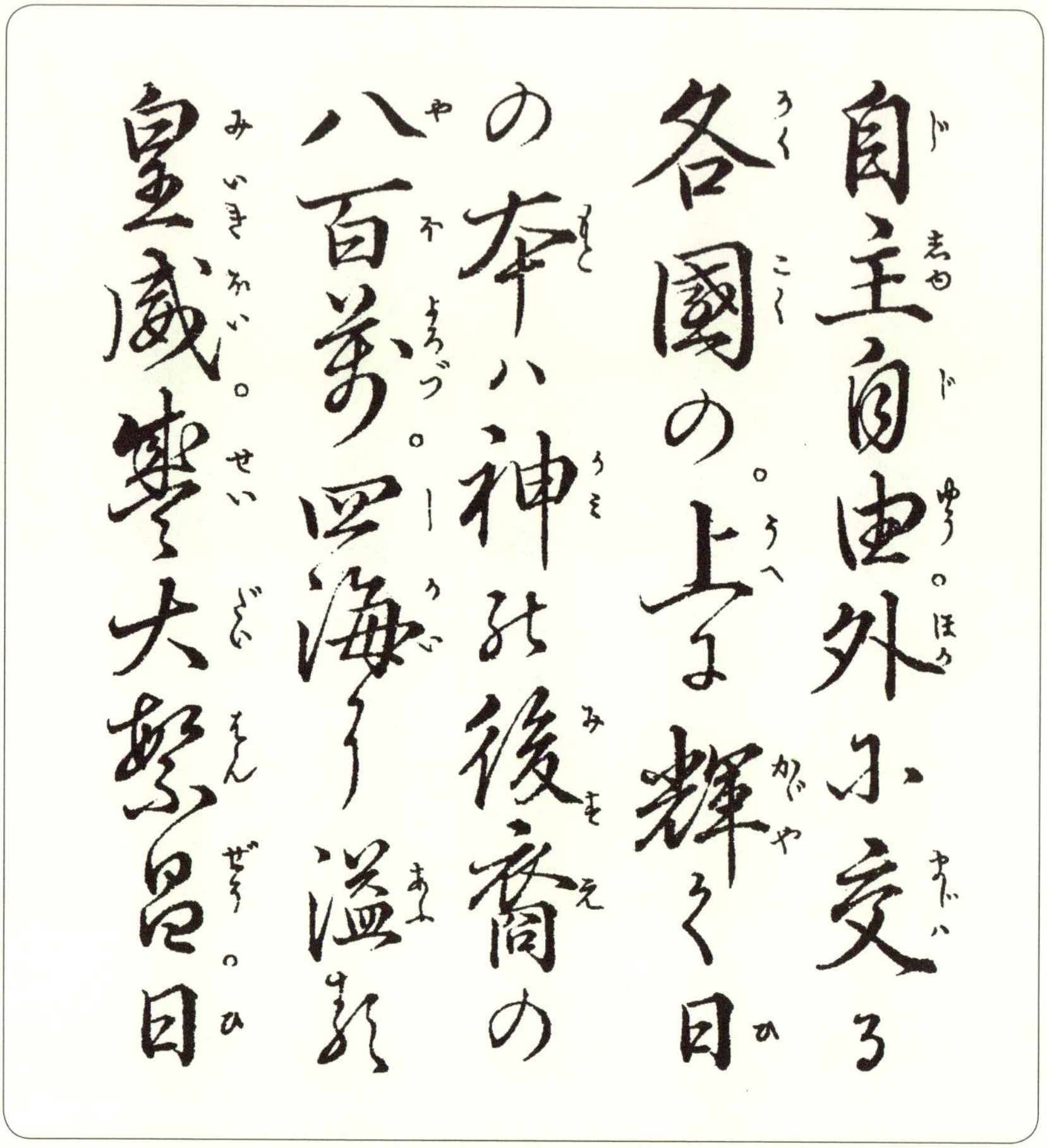
自主自由外尓交る
各國の上ニ輝く日
の本ハ神武後裔の
八百萬四海ニ溢れ
皇威盛大繁昌日

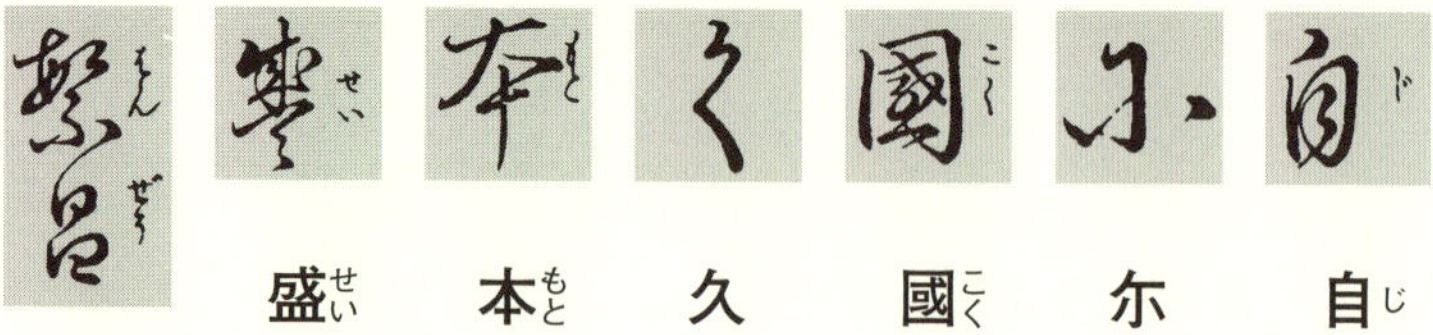

自《じ》

尓（に）

國《こく》（国）

久（く）

本《もと》

盛《せい》

繁昌《はんじょう》

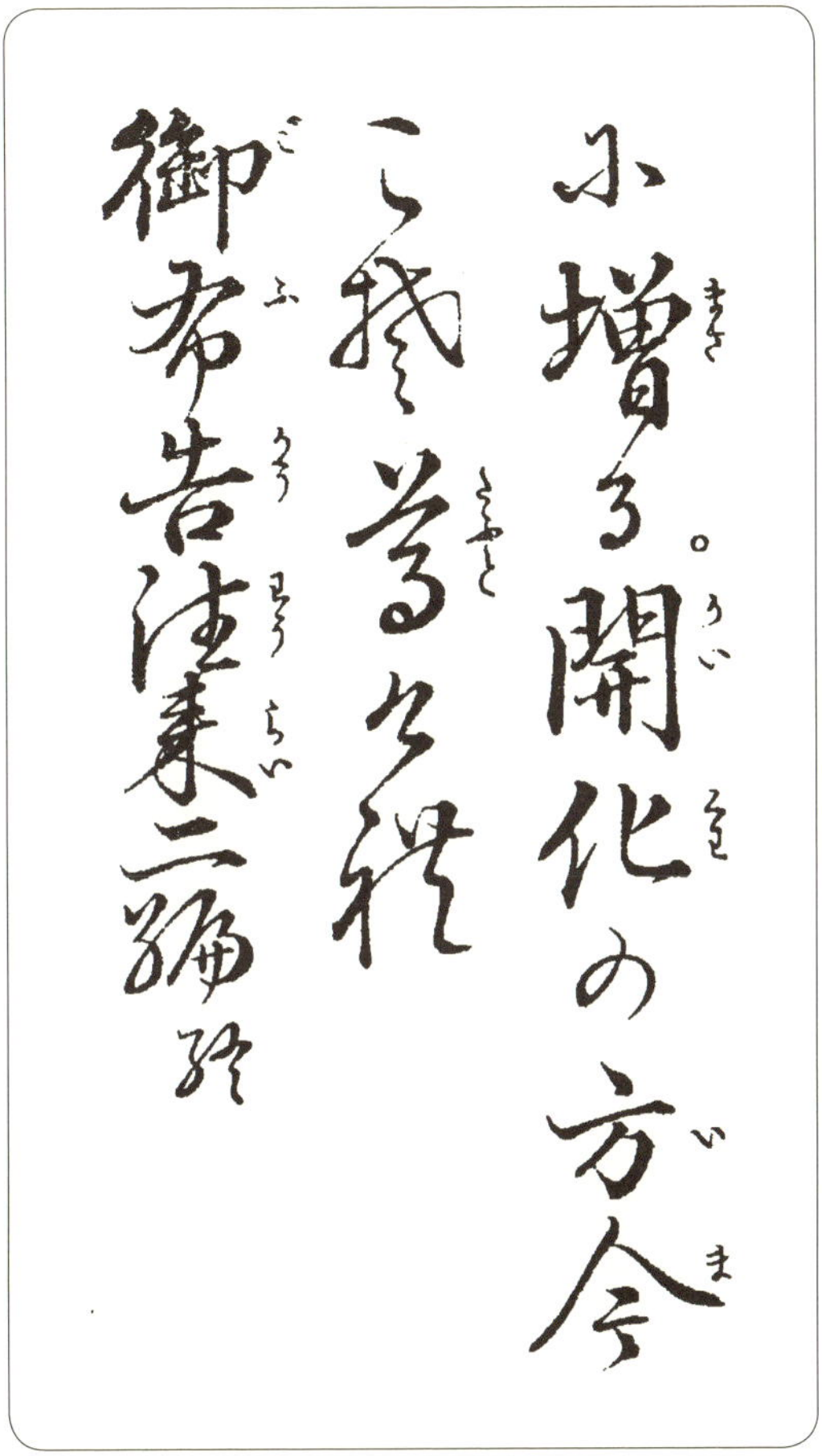

楚（そ）　尊《とうと》　介（け）　禮（礼＝れ）　往《おう》　編　終

# 第三部

# 古文書に触れてみよう

# 第六章

# 高札《こうさつ》を読む

為政者が制定した法令を告知するため、大きな立て札に墨書して人の目につきやすい場所に立てたものが高札（たかふだとも読む）です。

中世には、乱暴狼藉を禁止する制札が、寺社の門前や村の入口に立てられていますが、江戸時代になると、幕府は大名領をも含め全国的に高札を立てさせて政治の徹底をはかりました。これらは今も各地の郷土資料館等でその現物を見ることができます。しかし、屋外で風雨にさらされ続けたため、鮮明な文面のまま残っている江戸期の高札はごく少数です。

## 1　五傍《ごぼう》の掲示

幕末、徳川慶喜の大政奉還により、日本は立憲君主国家への変革を遂げました。急遽樹立された明治新政府は、国家経営の大方針を定めるとともに、国家運営の組織や実施要領を確立してゆきます。政治を休むことは出来ませんから、当初は旧幕府の組織ややり方を利用しながら統治が行なわれました。例えば旧藩主を県令（県知事）に据えるとか、旧武士を職能に応じて新政府内に配置するなどです。

高札の制度も新政府が利用するところとなりました。明治元（一八六八）年三月十五日、太政官（首相）の名をもって、全国にある旧幕府の高札を廃止し、代わりに五つの高札を立てさせました。これが「五傍の掲示」と呼ばれるものです。第一札は五倫の道徳を守り、殺人・放火・強盗の禁止。第二札は徒党・強訴・逃散の禁止。第三札はキリスト教・邪宗門の禁止。第四札は外交につき万国公法に従い、外国人への暴行禁止。第五札は士民の脱国禁止です。

諸外国との交流を開始した日本の政府が、相変わらずキリシタン排除の方針だったとは意外ですが、さすがに諸外国は黙っていませんでした。このため、明治六（一八七三）年に政府は高札制度を廃止し、各地の高札はいっせいに撤去されたのでした。

五傍の掲示は、僅か五年余で撤去されましたから、今なお文面の鮮明なものが各地に残っています。ここでは第一札を読んでみましょう。

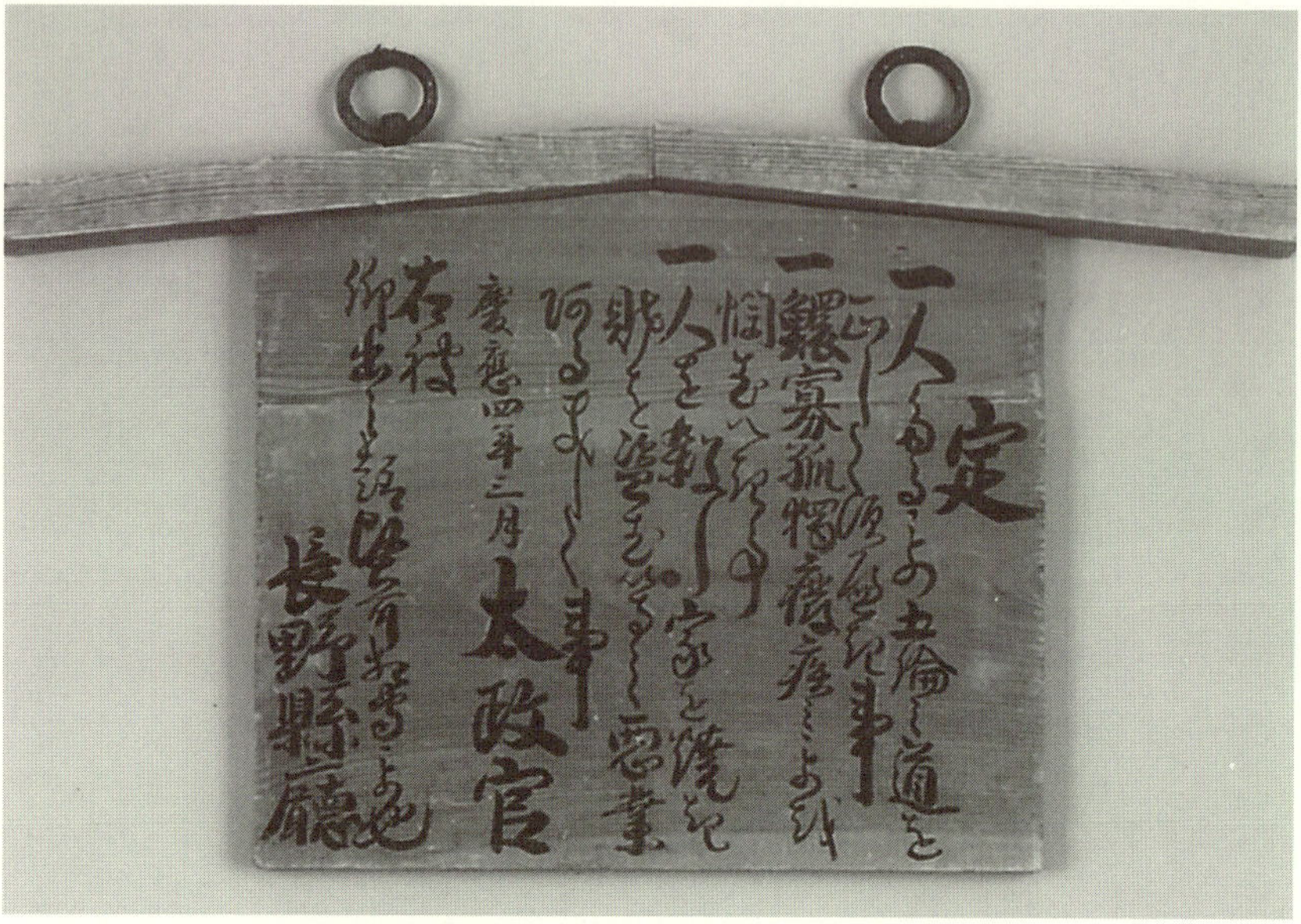


「五傍の掲示」（上田市立博物館所蔵）

定

まず、最初の文字は何に見えるでしょうか。これは特にくずし字の知識がなくても容易に読めそうな字です。**定**は「定《さだめ》」です。「定」は法令や規則書きなどの表題（柱書き）として最初（右端）に書かれます。法令や規則書きは、文頭に「一《ひとつ》」を伴った箇条書きで書かれていることが多いです。これを「一つ書き」と言います。上の写真を見ても分かるように、この「定」には三つの一つ書きが書かれています。いったい何が書かれているのでしょうか。読み進めてみましょう。

一は、そのまま漢数字の「一」です。先ほども述べましたが、一つ書きを示す「一」なので、次の人「人」と続けて「一人」と読まないように注意しましょう。「人」の次からは四文字の江戸かなが続きます。第五章までに修得した知識を総動員して読んでみましょう。

多は何でしょうか。実は本書では初めて出てきたくずし字ですので、難しかったかもしれません。これは「多」のくずし字で、「た」を表したものです。これまでは五八頁などのた「た＝多」のくずし字を何度も見てきました。しかし、多もたもどちらも「多」のくずし字なのです。この他に「た」を示す江戸かなとして、太「太」・堂「堂」などがあります。現在のひらがなは「太」がくずれたものです。

次のるはあまりくずれていません。これは「る」を表し、「留」をくずしたものです。

ものは、古文書ではたびたび見られる字です。一文字のようにも見えますが、二文字書かれています。もまでが「も」、のが「の」。合わせて「もの」です。も「も」は七五頁などで学習しました。上のもは「毛」が、下ののは「乃」がくずれたものですが、古文書ではこの形がよく出てきますので、一つの形として覚えておくとよいでしょう。ここまでで、江戸かな四文字「たるもの」となります。

は二つの漢字で構成されています。上のはほとんどくずれておらず、漢数字の「五」と分かります。次のですが、まず旁《つくり》が「侖」を表し、ほとんどくずれていません。そうすると、偏《へん》が何かということが問題になります。くずしの形から推測すると、「糸」(いとへん)と「イ」(にんべん)の可能性が出てきます。よってそれぞれの偏と旁を組み合わせてみると、「綸」か「倫」が当てはまります。だけの場合であれば、どちらをくずしたものなのかを判断することは難しいですが、上の字が「五」であるので、熟語として考えると「倫」を当てることが適当でしょう。「五倫」です。

は古文書には本当によく出てくる字です。カタカナの「ミ」のように見えるかもしれませんが、上の「五倫」と下に続く字との間に「ミ」を入れて読んでみても、どうもしっくりきません。これは「之」のくずしです。

はほとんどくずれていませんので、容易に読めそうです。偏と旁に分解すると、偏が「辶」(しんにょう)、旁が「首」になるため、合わせて「道」という字になります。

も「を」だとすぐに分かりそうです。この「を」は「遠」をくずした形です。この他によく使われる「を」の江戸かなとしては、「越」があります(一三七頁参照)。

一行目には、「一、人たるもの、五倫之道を」（ひとつ、ひとたるもの、ごりんのみちを）と書かれていました。「五倫の道」とは、儒教で人として守るべき五つの道のことで、「君臣の義、父子の親、夫婦の別、長幼の序、朋友の信」を指します。続いて二行目を読んでみましょう。

は、上のと下のがつながっていませんが、一文字です。つまり、上のは「一」そのまま、下のは「止」のくずしとなり、合わせて「正」となります。

これ以降、江戸かなが五文字続きます。

は、先ほど出てきた「之」がさらにくずれた形で、江戸かなの「し」です。は少し分かりにくいかもしれません。これは「久」がくずれた江戸かなの「く」と読みましょう。部分がなければすぐに「く」と読めるのですが、「久」の「𠂊」部分が書かれているために読みにくくなったのです。

次のについては、まずくずしを分解してみましょう。まず特徴的なのは、右側のくず

しです。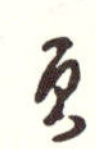は「頁」（おおがい）のくずしです。言われてみれば「頁」に見えそうですね。「頁」のくずしは、古文書には「願」「預」「頼」などで頻繁に出てきます。ついでですが、これだけを見ると、「イ」（にんべん）か「彳」（ぎょうにんべん）か「氵」（さんずい）か「彡」（さんづくり）のくずしのいずれにも似ています。しかし、それぞれに「頁」を組み合わせるとどうなるでしょうか。このように考えると「須」が文字としては一番良さそうですね。「須」は漢字としても使用されますが、江戸かなの「す」として頻出します。ここでは、漢字ではなく江戸かなの「す」と読みます。この「須」の「頁」がさらにくずれた形は第五章の七五頁などで学習しました。

はちょっと難しいです。分解してみると、が「扁」のくずしで、が「辶」（しんにょう）のくずしとなります。よって、組み合わせてみると「遍」になりますが、ここでは江戸かなとして用い、「へ（べ）」と読みます。街中の、せん「べ」い屋さんの看板や暖簾などで、こののくずし字を見たことがあるのではないでしょうか。

はが「走」のくずし、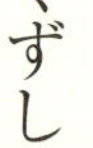が「己」のくずしで、合わせると「起」になります。第四章の五六頁などでも見ましたね。ここでは江戸かなの「き」として用います。「可」（べき）の読みを仮名二文字で表現する際に、この「べき」がよく使われますので覚えておきましょう。

最後のは「事」のくずしです。比較的読みやすかったのではないでしょうか。「事」は古文書には頻繁に出てきますので、この形を覚えて慣れてしまいましょう。
二行目には「正しくすへき事」（ただしくすべきこと）と書かれていました。これで一カ条目を読み終わりました。続いて二カ条目を読んでみましょう。

は先ほども見ました一つ書きの「一《ひとつ》」です。
以降は、明らかに画数の多い漢字が六つは書かれていそうです。まず、が「魚」のくずし、が「罒」（あみがしら）で、が「衣」をくずしたように見えます。これらを全部合わせると「鰥」となりますが、このような漢字は存在しないため、この形に近い漢字「鰥」を導き出します。「鰥」は「かん」と読み、「鱞」の同字です。
は、あまりくずれてはいませんね。分解をしてみて、が「宀」（うかんむり）、が「百」に似たくずし、が「一」、が「分」と見て、それぞれを組み合わせてみると、「寡」とい

う字が浮かんでくるでしょう。で「鰥寡《かんか》」という熟語になります。

次のは、部分が「子」をくずした形で、は「爪」か「瓜」のくずしが考えられそうです。「子」と組み合わせた時に漢字になるのは「瓜」ですから、これは「孤」となります。のは典型的な「犭」（けものへん）のくずしです。旁のですが、は「鰥」でも見た「罒」のくずしで、については「匋」をくずした形とは想像しづらいですので、「勹」を含んだくずし字とみましょう。これらを合わせると、「⿰犭⿱罒勹」となり、「獨」が導き出せるのではないでしょうか。「獨」は「独」の旧字体で、現在でも「獨協大学」がこの「獨」を使っています。で「孤獨（独）」です。

以上、四文字を合わせると、「鰥寡孤独《かんかこどく》」となり、「妻を失った夫、夫を失った妻、みなし子、老いて子のない者、身寄りのない者」という意味です。

続いて、はが「疒」（やまいだれ）に見えそうです。しかし「疒」の中のくずしが難しいですね。答えを先に言ってしまうと、このは「發」のくずしになります。答えが分かっても理屈で納得できない字は、暗記をする必要があります。「疒」と「發」を組み合わせて「癈」となりました。「廃」と同音同義の漢字です。も同様に「疒」を含んだ字ということが形から分かります。中のは「矢」のくずしに見えますので、これは「疾」となります。で「癈疾《はいしつ》」と読み、「不治の病」

のことです。
もも、一カ条目の中に同じくずし字が出てきています。がカタカナの「ミ」に似た「之」。次のが江戸かなの「も」で、が「の」。「も」がかなり分かりづらいかもしれません。で「之もの」です。
最後のは、一カ条目の「起」（き）のところでも触れた「走」（そうにょう）のくずしが含まれています。旁のは、これで「戉」のくずしとなります。納得しがたいかもしれませんが、「戉」部分が同じですね。これらを合わせると「越」になりますが、ここでは漢字ではなく江戸かなの「を」として用います。江戸かなの「越」＝「を」は、「遠」＝「を」と同じくらい頻出しますので、この形をぜひ覚えておきましょう。
三行目は「一、鰥寡孤独・癈疾之ものを」（ひとつ、かんかこどく・はいしつのものを）と書かれていました。

続いて四行目。は偏が「忄」（りっしんべん）で、ほとんどくずれていません。また旁で特徴的なのは、「門」（もんがまえ）を示すくずし字です。この「りっしんべん」と「もんがまえ」のくずしという情報があれば、古文書字典でも漢和辞典でもこの漢字を探すことは容易でしょう。この条件を満たす字として「憫」が当てはまります。

は漢字なのか、あるいは江戸かななのか、悩むところです。前の字は「憫」（あわれむ）でした。ここではが何かはひとまず置いておいて、後に続く文字に注目してみましょう。

まずは、そのまま「へ」と読めそうですね。江戸かな「へ」の元の漢字は「部」ですが、元の漢字とはまったく形が異なっています。続くは一三三頁で見たと同じです。つまり「起」＝「き」です。

最後のは何でしょうか。ここでは、高札や法令などに書かれる一つ書きの文章の最後の文字は「事」で終わることが多い、ということを知っておきましょう。一三五頁で見た「事」のくずしよりもかなり簡略化されていますが、も「事」で、「事」のもっとも典型的な

くずしとなります。

ここまでで「一、鰥寡孤独・癈疾之ものを憫？・へき事」と読めました。では、？・部分には何の文字が入るのが妥当でしょうか。？・を差し引いても、文意を考えれば「身寄りのない者や不治の病の者を憫みなさい」となりますので、「憫」の次の文字は、江戸かなの「む」と読むのが一番しっくりときます。よく目を凝らして筆の動きを見てみると、現在の「む」と同じ筆順になっていることが分かりますね。「む」の元の漢字は「武」です。

四行目は「憫むへき事」（あわれむべきこと）と読めました。

これがこの高札の最後の一つ書きです。は「一」で「ひとつ」、は「人」、は「を」と、ここまでは簡単に読めそうですね。

は二文字分ありますが、下のは一三三頁で見た「し」と同じです。そうすると、上のくずし字は送りがなに「し」がつく読みをする漢字ではないかと想像がつきます。

を分解してみると、三つに分解できます。は「九」にも見えますが、「メ」のくずしです。は「木」に見えるでしょうか。がちょっと難しいですが「殳」（るまた）のくずしで、これら三つを合わせると、「殺」という字になります。送りがなと合わせると「殺し」になります。仮に「殳」が分からなかったとしても、「杀」だけで、ある程度の予想が出来そうですね。

続くは、「宀」（うかんむり）の漢字であることは容易に分かります。「宀」に「豕」を合わせて、なんとか「家」と読めそうです。

は「を」です。四つ前にも同じ字があります。は何でしょうか。は「火」（ひへん）のくずしです。左右の二つの点がポイントです。旁のは「尭」をくずしたものですが、答えを聞いてからもう一度くずし字を見てみると、実はほとんどくずれていないことが分かります。二つを合わせると「焼」になります。また、の送りがなが、すでに二度出てきている「起」＝「き」だということも、「焼」の字を判別するのに役立つでしょう。

五行目は「一、人を殺し、家を焼き」（ひとつ、ひとをころし、いえをやき）と読めました。

はがほとんどくずれておらず、「貝」であることが分かると思います。そして旁のは「才」のくずしに見えますので、合わせて「財」となります。続くは「を」ですね。

も分解すれば解読は容易でしょう。は見たままの「次」です。そしては「四」のようにも見えますが「皿」のくずしです。二つを合わせると「盗」になります。送りがながあり、一三八頁でも見た「む」＝「武」との関連からも、「盗」であることが想像できそうです。

は一つの漢字のくずし字として見てください。はもっとも典型的な「竹」（たけかんむり）のくずしで、も「寺」の代表的なくずし方です。合わせて「等」のくずしとなります。続くは何度も出てきている「之」のくずし字です。

は二字熟語です。は上のが「西」のように見え、下のは「心」のように見えます。しかし二つを合わせた漢字はありません。続くがさほどくずれておらず、「業」

を表わしていることから、は「悪」ではないかと想像できると思います。

六行目は「財を盗む等之悪業」（ざいをぬすむなどのあくぎょう）でした。

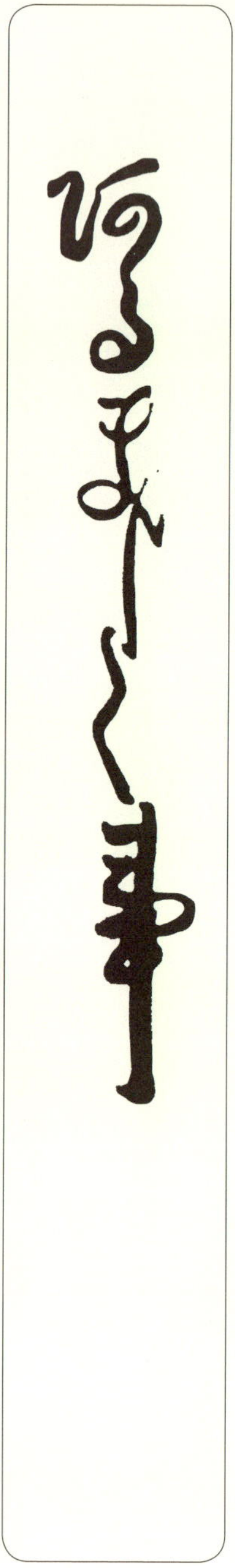

は第五章の七五頁で学習しました。分解するとが「阝」（こざとへん）で、は「可」のくずしです。合わせて「阿」になります。「阿」は漢字（特に苗字などの固有名詞）としても用いますが、江戸かなの「あ」として用いられることがほとんどです。

続いては「る」＝「留」、は「し」＝「之」、は「く」＝「久」、は「事」です。どの字も、これまでに出てきました。一三一頁～一四一頁までをもう一度振り返ってみてください。第六章ではだけが初めてですが、これはそのまま「ま」と読めそうです。「ま」の元の漢字は「末」です。

七行目は「あるまじく事」（あるまじくこと）です。

これで、三カ条目が読み終わりました。

一三〇頁の写真を見ると、元号や「四年三月」「太政官」「長野」などの文字が書かれていることが分かりますが、ここでは詳しく学習しませんので、一九二頁の解読文をご参照ください。

## 2　正徳元年の高札雛形

天和二（一六八二）年、五代将軍徳川綱吉は高札を立てさせて、人倫の道・倹約・家業精励・盗賊の訴人など民政の基本を達しました。これを六代将軍家宣は正徳元（一七一一）年に五枚の高札に補備修正して徹底を期したものが、幕末まで一五〇年余も立ち続きました。

ここに掲げたものは、幕府役人の記録「高札場書留」から抜粋したものです。付図に高札雛形が添えられていますので、そのなかから一枚分を読むことにしましょう。

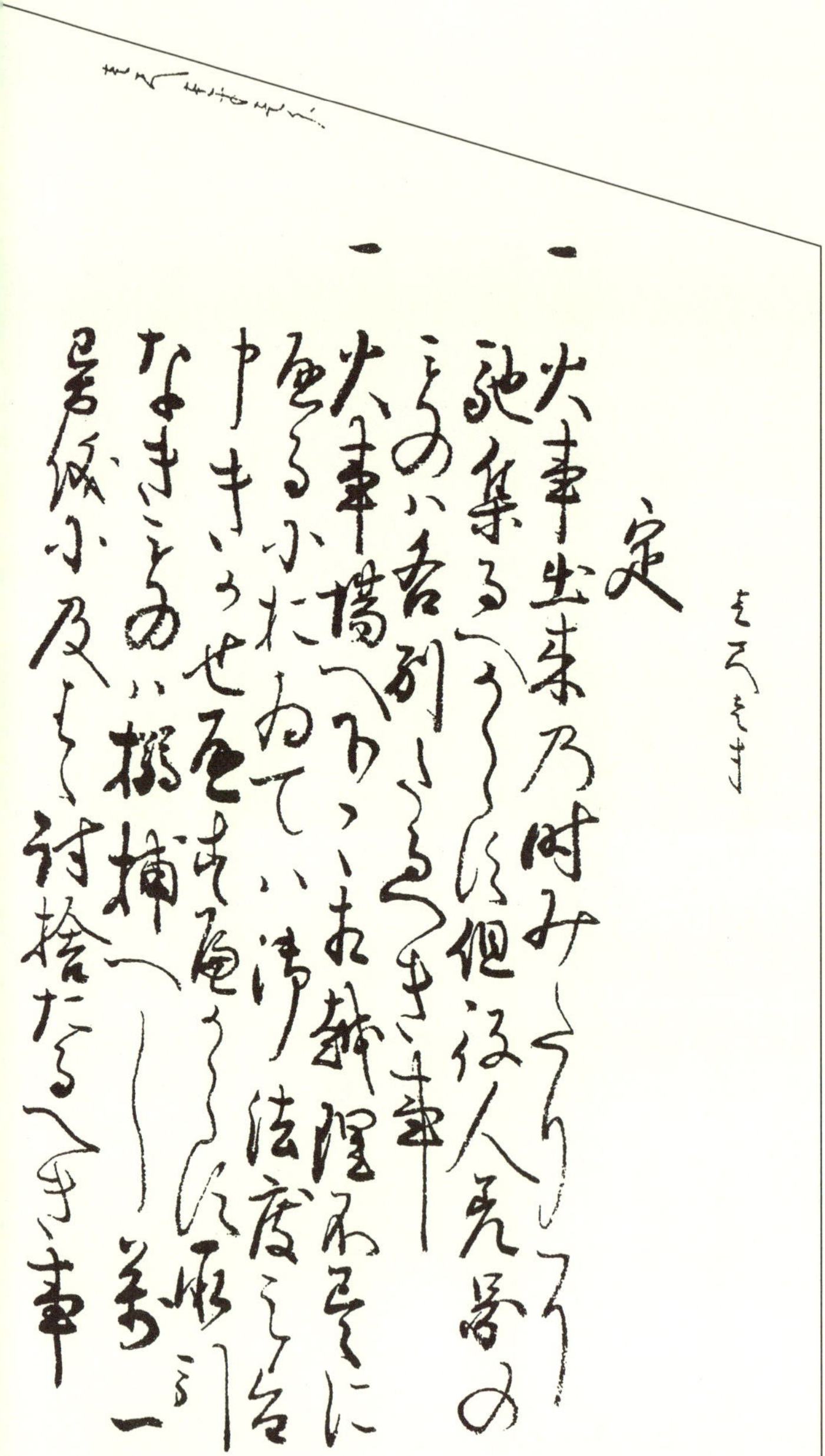

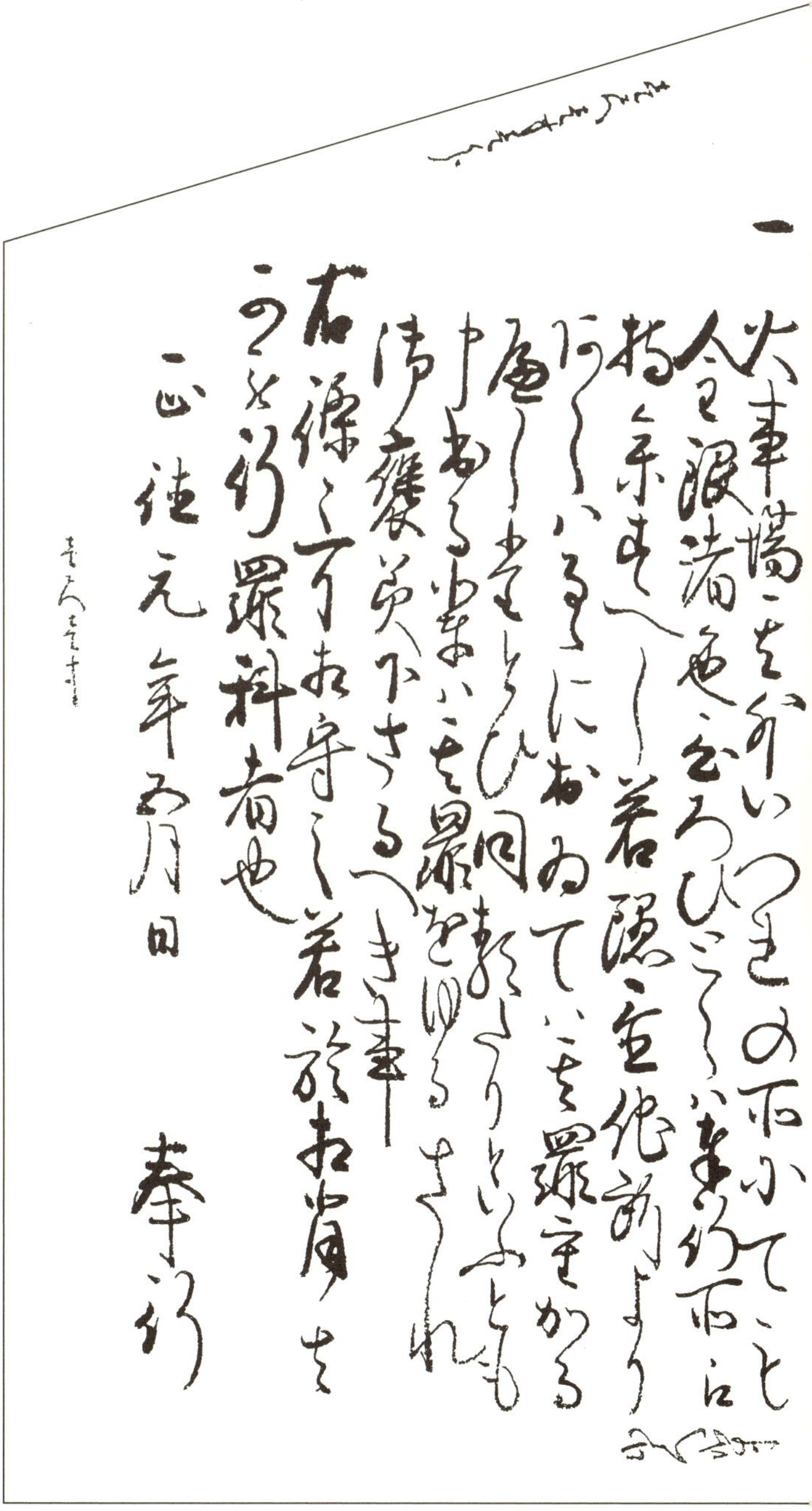

「高札場書留」（国立国会図書館所蔵）

最初の文字は、前節「五傍の掲示」の表題と同じ **定**「定」です。きれいな **宀**「宀」（うかんむり）が書かれています。

まずは **一**「一（ひとつ）」を読み忘れないようにしましょう。

続いて **火事** で二字熟語。

**火** も **事** もほとんどくずれていないので、「火事」であることは想像できるでしょう。

同じ形の **事** が前節でも二回出てきました。

次は **出来** で、これも二字熟語となっています。

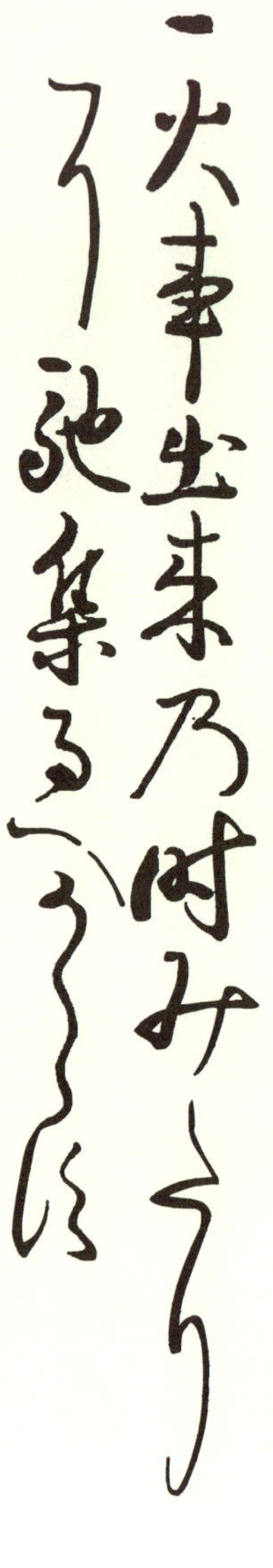

初めのは右側の点に戸惑うかもしれませんが、「出」のくずしです。「出」にはもう一つというくずし方があり、との二つが覚えられれば、古文書に出てくる「出」はほとんど読むことができます。後のは「木」という漢字が含まれているように見えます。答えは「来」。なお、古文書では「出来」を「でき」ではなく「しゅったい」と読みます。

は、はっきりと「乃」が書かれていますね。これは江戸かなの「の」です。ひらがな「の」の元の漢字です。

次のは、が「日」のくずし、が「寸」で、合わせて「时」。「时」は「時」の異体字です。異体字とは、標準的な字体以外のものを指し、古文書には「遠」＝「違」や「迠」＝「迄」、「㝡」＝「最」などがよく出てきます。くずし字も、と同じように異体字がくずれたものが書かれますので、注意が必要です。

ここまでで、「火事出来の時」（かじしゅったいのとき）です。

の後は、江戸かなが四文字続きます。いずれもこれまでに学習してきた江戸かなです。

一字目は「み」で、ほとんどくずれていませんね。元の漢字は「美」です。

二字目は「た」で、元の漢字は「多」。この特徴的なくずし字を思い出しましたか。

三字目は「り」。元の漢字は「利」です。

四字目が難しいですが、ここまでで一字です。これは「耳」のくずしで、江戸かな

の「に」にあたります。ときどき出てきては悩ませられますが、覚えてしまえば逆に簡単な文字と言えるかもしれません。で「みたりに」（猥に）となります。

次のは何でしょうか。漢字を偏と旁に分割できそうです。偏のが「馬」（うまへん）の典型的なくずし字です。旁のは、そのまま「也」と読めそうです。二つを合わせて「馳」となります。なお、「也」は江戸かな「や」の元の漢字でもあります。

は、活字に近いので読めそうですね。上のは「隹」（ふるとり）の典型的なくずし字で、下のはカタカナの「ホ」のようにも見えますが、「ホ」ではなく漢字の「木」です。二つを合わせて「集」となります。

続くは江戸かなの「る」。元の漢字は「留」です。「集」の送りがなの「る」として使われています。「馳集る」（はせあつまる）です。

最後も江戸かなが四文字続いています。復習のつもりで読んでみましょう。

一字目のは「へ」。これは比較的読みやすいですね。元の漢字は「部」です。

二字目はここまで。第四章・第五章のなかに何度も何度も登場した＝「可」＝「か」です。

三字目がちょっと難しいです。この形は初めて出てきましたが、ここまでで一字です。右側に点「、」が打ってあれば分かりやすいのですが、「、」が打ってありません。答

えは江戸かな「ら」のくずしで、元の漢字は「良」です。これまでにも「ら」は何度も出てきましたが、この形が一番くずれた形です。

最後のは前節にも出てきた「須」です。が「彡」（さんづくり）、旁のが頁（おおがい）で、合わせて「須」。の読みは「へからす」＝「べからず」となります。

一カ条目には「一、火事出来の時、みたりに馳集るへからす」（ひとつ、かじしゅったいのとき、みだりにはせあつまるべからず）と書かれています。「火事が起きた時には、猥りに走って集まってはいけない」という意味です。

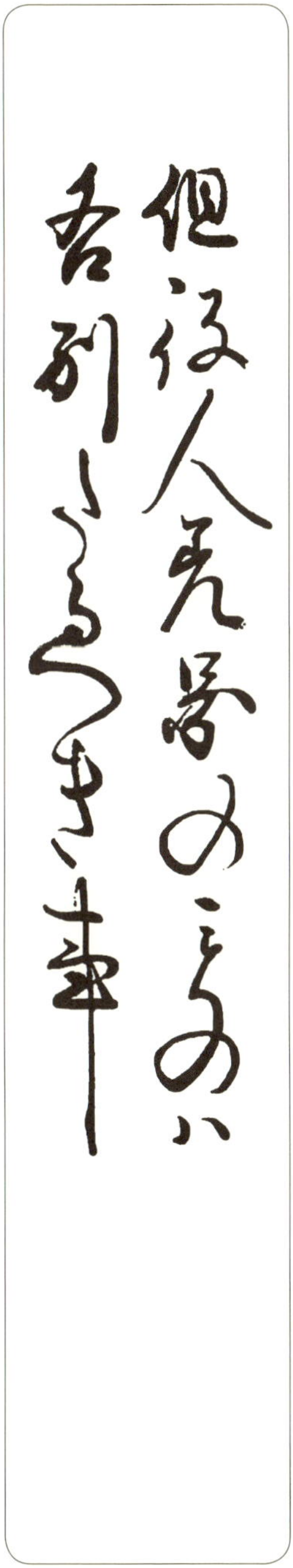

一カ条目には、まだ続きがあります。

まずは、が「イ」（にんべん）なので、「にんべん」の漢字だとわかります。旁のは、が「日」、が「一」なので、これらを組み合わせると、「但《ただし》」となります。つま

り、ここからは一カ条目を請けた但し書きのようです。

次のは、二字熟語です。が「彳」（ぎょうにんべん）、が「殳」（るまた）のくずしで、合わせて「役」となります。は、前節の「癈」のなかにもありましたね。「役」の次の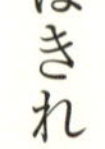はきれいな「人」が書かれています。これで「役人」です。

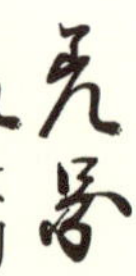も二字熟語です。は初めて出てきましたが、ちょっと難しいですね。この字で注目したいのはの部分です。ここには「左」が書かれていると判断します。そして、この「左」が含まれている漢字として「差」を導き出します。このは「差」の典型的なくずし方です。答えが分かってから活字とくずし字を見比べてみると、「差」であると納得できるのではないでしょうか。

続くは、どこに注目すればよいでしょうか。この字は、左右に打たれたに注目してください。このが、古文書では「口」（くにがまえ）のくずし字を表します。「口」は、そのままののくずしと、のくずしの二つがありますので、さえ覚えておけば「口」の漢字は、ほとんど読むことができるようになります。では、「口」のなかには何が書かれているのでしょうか。は、「口」「亠」「口」が書かれているように見えそうです。「口」のなかに「啚」を入れてみると「圖」。この形に似た漢字を考えると、「圖」が出てくると思いま

す。「圖」は「図」の旧字体です。で「差図《さしず》」です。古文書には「差図」と「指図」の両方が出てきます。

の後には、四文字の江戸かなが書かれています。

まず、は「の」でよさそうですね。続くのなかのは、上のと比べてみると同じ「の」だと分かります。または、前節で何度か出てきた「も」です。元の漢字は「毛」でしたね。最後のは「ハ」。カタカナの「ハ」としても読めますし、漢字の「八」のくずしとみて、江戸かなの「は」として読むこともできます。ここでは江戸かなの「は」として読むことにします。で「のものは」＝「の者は」です。

次のは二字熟語です。の内、は「口」のくずしです。は「夂」のくずしに見えますか。合わせて「各」になります。については、まず「刂」（りっとう）に注目してください。また、部分が「刀」に似たくずしになっています。これらを含む漢字として「別」の字が浮かんできそうです。で「各別」＝「格別」です。

は江戸かな四文字。すべてこれまでに出てきた江戸かなで、が「た」（多）、が「る」（留）、が「へ」（部）、が「き」（幾）です。読みは「たるへき」＝「たるべき」となります。最後の一字はおなじみの「事」ですね。

一カ条目の但し書きには「但、役人差図のものは、各別たるへき事」（ただし、やくにんさしずのものは、かくべつたるべきこと）と書かれています。「但し、役人から直接指示を受けた者は、この限りではない」という意味ですね。

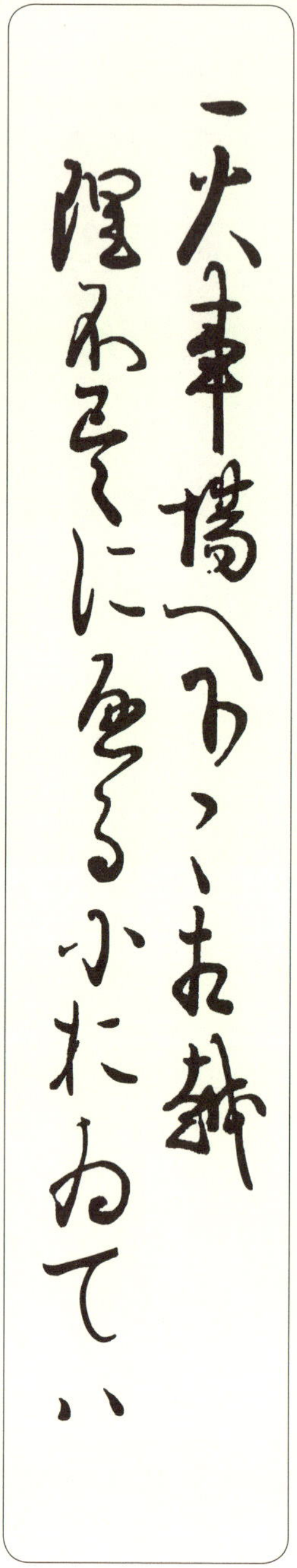

ここから二か条目に入ります。

まずは「一《ひとつ》」ですね。次のも一カ条目で見た「火事」と分かりそうです。

は初めて出てきました。偏のは漢数字の「十」のように見えますが、右上に向かってはねていますので、「土」（つちへん）と見ましょう。旁ののなかに「勿」のくずしがありますので、偏の「土」と旁の右下に「勿」が含まれる漢字を想像して、「場」を導き出します。で「火事場」です。

は江戸かなの「へ」。

はいずれも初めてですが、上の漢字は「下」と読めそうです。下は江戸かなの「こ」のようにも見えますが、「下こ」では意味が通じませんので（「下戸」ではありません）、ここでは踊り字と考えて「々」と読み、で「下々」（しもじも）となります。

次のは二字熟語です。は、古文書には本当によく出てくる漢字で、このが典型的なくずし方です。答えは「相」。「相」は「木」（きへん）の漢字ですが、古文書では「扌」（てへん）と同じくずし方になるという特徴があります。

「相」の次のは何でしょうか。偏と旁に分解してみましょう。偏のは「走」（そうにょう）です。上に「土」が見えますね。旁のはそのまま「戉」と読めそうです。合わせて「越」。で「相越」。「相」は語調を整える接頭語で、これ自体には意味がありません。「越」は、ここでは「来」と同義と考えて、「火事場へ下々相越」で「火事の現場へ下々の者がやってきて」となります。

は三字熟語です。

最初のは、が「王」（おうへん）の典型的なくずしです。江戸かなの「王」は学習済みですが、このが偏になったことで縦長に書かれたと考えれば分かりやすいでしょう。旁のは、あまりくずれておらず「里」と読めそうです。合わせて「理」となり

ます。「里」は江戸かな「り」として出てくることもあります。

は「不」で、見た目も筆順もそのままですね。

はちょっと難しいですが、を「尺」、を「ミ」と見て「尽」のくずしを導き出します。よってで「理不尽」となります。

には江戸かなの「に」で、そのまま読めそうです。元の漢字は「仁」です。

は、部分が「辶」（しんにょう）と分かれば、続く文字が「る」ですので、「通」が想像できるかもしれません。前節で江戸かなの「遍」＝「へ」を見ましたが、この時の「辶」と同じことが分かりますね。

は、江戸かな五文字です。

は、第四章・第五章に何度も出てきた「尓」＝「に」です。「小」と間違えないようにしましょう。は、が「木」（きへん）や「扌」（てへん）のようにも見えますが、これは「於」＝「お」のくずしで、「お」の元の漢字でもあります。これも第四章に何度か出てきました。

は見たままの「ゐ」で、元の漢字は「為」。は「て」で、元の漢字は「天」。は一カ条目で見た「は」ですね。で、「におゐては」です。

ここまでをまとめると、「一、火事場へ下々相越、理不尽に通るにおゐては」（ひとつ、かじばへしもじもあいこし、りふじんにとおるにおいては）となり、「火事の現場へ下々の者がやってきて、許可なく無理矢理通ることについては」という意味です。

さて、続きを読みましょう。

は三字熟語です。は「御」の典型的なくずしの一つですが、分かりやすい部類に入るものです。が「彳」（ぎょうにんべん）、が「卩」のくずしを指しています。

は、偏のが「氵」（さんずい）、旁のが「去」ですので、合わせて「法」となります。

は、が「广」（まだれ）と分かれば、「广」のなかに「又」のくずしが入る漢字を考えてみると「度」が導き出せるでしょう。で「御法度《ごはっと》」です。

は、前節で何度か見た「之」。

続くは初めて出てきました。上と下に漢字を分解してみましょう。まず、上のはカタカナの「ヒ」のように見えます。下のは、「口」のようにも見えますが「日」のくずしです。合わせると「旨」となります。で「御法度之旨」です。

次のも初めてです。アルファベットの「P」のようにも見えますが、逆に「P」のように見えたら、古文書では「申」と読むと覚えておきましょう。

で江戸かな三文字です。

は、見たままの「き」。元の漢字は「幾」でした。

は、一カ条目に出てきた「か」です。元の漢字は「可」でしたね。

も見たままの「せ」で、元の漢字は「世」です。で「申きかせ」（もうしきかせ）です。

は、先ほどみたばかりの「通」。部分が「辶」（しんにょう）でしたね。

「通」以降は、江戸かなが五文字続きます。

は、第四章に何度か出てきた江戸かなの「す」を表し、元の漢字は「春」です。

は、前節に出てきた江戸かなの「へ」でした。元の漢字は「遍」でした。部分が「辶」（しんにょう）です。

は一カ条目の最後の三文字とまったく同じです。すなわち「からす」です。

で「すへからす」＝「すべからず」となります。

ここまでをまとめてみると、「御法度之旨申きかせ、通すへからす」（ごはっとのむね、もうしきかせ、とおすべからず）となり、「（火事の現場を許可なく通行することは）ご法度であると言い聞かせて、通してはならない」という意味です。

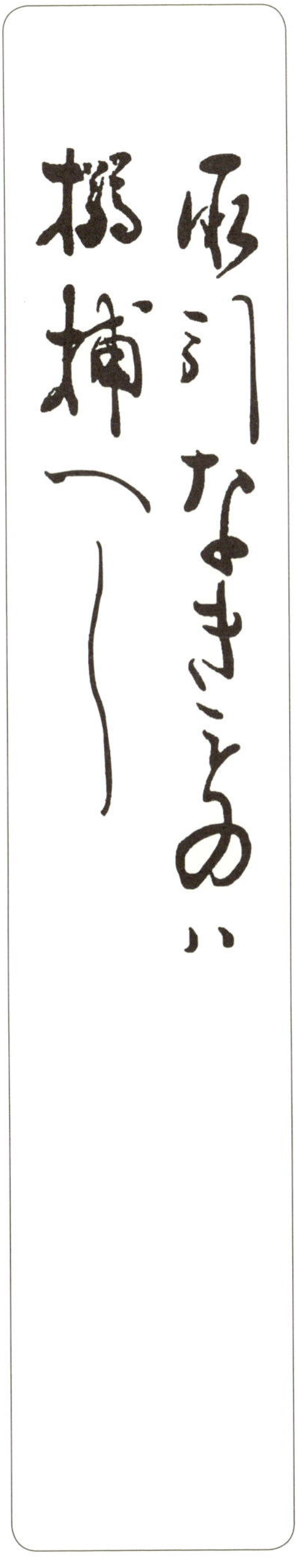

二か条目は、まだ続きます。で二字熟語です。

まずは何でしょうか。これを分解してみると、が「了」、が「く」のように見えると思います。これらを合わせてみると、「承」という字が推測できそうです。

続くは、旁の「｜」に注目して「引」を導き出しましょう。は「承引《しょういん》」で、承諾する意味です。古くは「うけひく」と読んでいました。

の後は江戸かなが五文字続きますが、いずれも既習済みですね。

なが「な」(奈)、きが「き」(幾)、とのが「もの」(毛乃)、ハが「は」(八)です。なきとのハで「なきものは」＝「無き者は」です。

まず、搦も捕も「扌」(てへん)の漢字であることが分かると思います。よく見ると同じくずし字が左右に二つ並ぶ漢字を想像すると、「搦」(からめ)が導き出せると思います。

搦は、二字熟語です。搦は旁が難しいですが、扌(てへん)の横に同じ形の文字が二つ並んでいることが分かりますか。「扌」(てへん)と合わせて「捕」。

続く捕の旁は、「甫」と見えますので、「扌」(てへん)と合わせて「捕」。で「搦捕」となります。

最後の二字は、「が「へ」、〜が「し」です。「へし」＝「べし」ですね。

ここまでをまとめると、「承引なきものは、搦捕へし」(しょういんなきものは、からめとるべし)となり、「許可を得ていない者は、捕らえて縛り上げなさい」という意味です

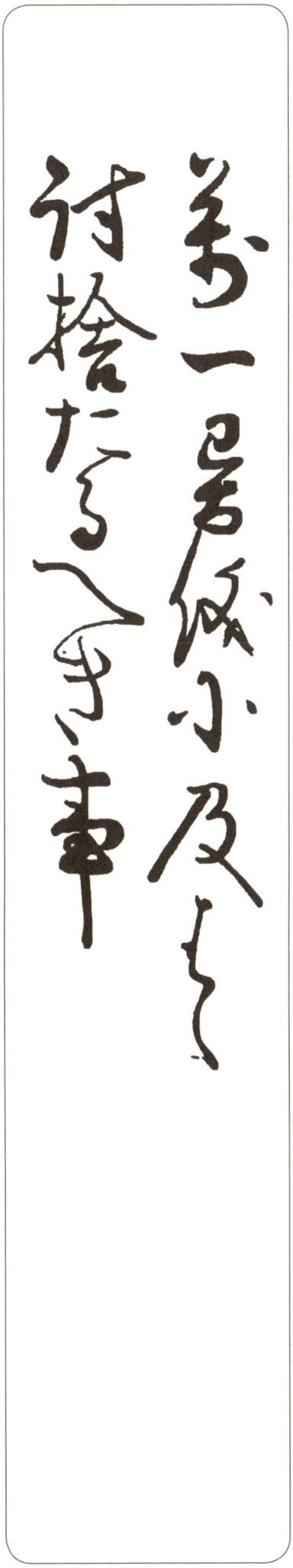

は二字熟語です。

まずは、上のまでが「卄」（くさかんむり）で、「卄」の典型的なくずしです。下のが分かりづらいですので、先に答えを言ってしまいます。答えは「萬」。「万」の旧字体です。右側に打たれた「丶」や、画数の少なさに混乱させられますが、これが「萬」の典型的なくずしの形となります。ここでは、「卄」のくずしをしっかりと覚えておきましょう。

続くは「二」。で「万二」です。

も二字熟語です。

は何でしょうか。分解してみると、は「己」、は「大」のように見えます。合わせてみると「吴」。この字を初めて見る方がほとんどだと思いますが、これは「異」の異体字で、江戸時代の古文書に特有の文字です。一カ条目でも「时」＝「時」の異体字を見ましたね。

は、「イ」（にんべん）の漢字だと分かります。旁の「戈」部分に注目して、「儀」

を導き出しましょう。で「異儀」＝「異議」となります。
は先ほど出てきた「尓」＝「に」。
は見たままの「及」です。
は、第四章に何度も出てきた「者」＝「は」。街中でよく見かける「生そば」の看板や暖簾に書かれている「は」と同じくずし字です。続くは踊り字「ヽ」のくずし。で「及はヽ」（及ばば）となります。

次のも二字熟語です。

まずは、偏のが「言」（ごんべん）の典型的なくずしですので覚えましょう。旁の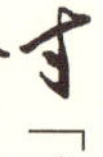「寸」はくずされていませんので、合わせて「討」となります。は、が何度も出ている「扌」（てへん）であることが分かると思います。旁のを分解すると、が「𠆢」、が「土」、が「口」のくずしですので、三つ合わせると「舎」。「扌」と「舎」を合わせて「捨」となります。で「討捨」です。

は「たるへき事」と読めそうですね。

ここまでをまとめます。「万一、異儀に及はヽ、討捨たるへき事」（まんいち、いぎにおよばば、うちすてたるべきこと）となり、「万一、（ご法度であると言い聞かせた時に）不満を言う者がいたら、斬り捨てても構わない」という意味になります。

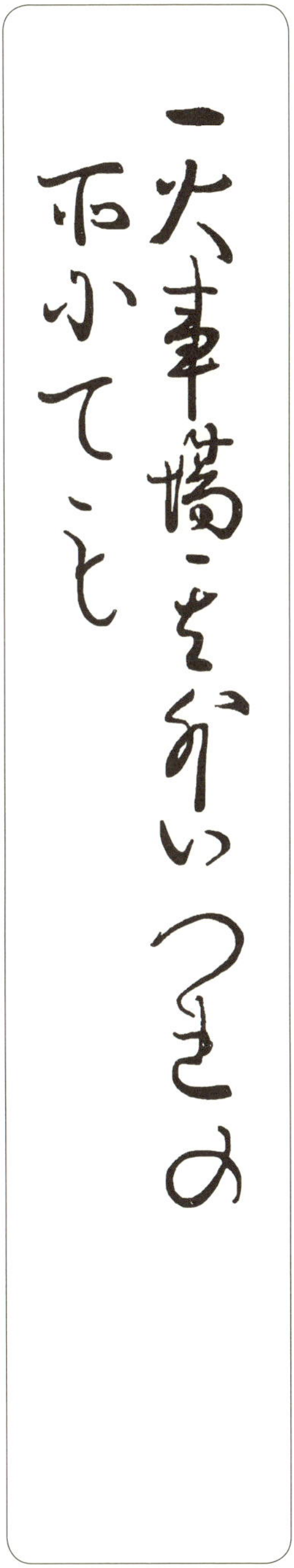

三か条目に入りましょう。
は、お馴染みの「一《ひとつ》」です。
次の三字熟語は、二カ条目でも見た「火事場」ですね。
は、古文書ではよく出てくる表現の一つですが、上のは分解しても読めそうにありません。これは典型的な「其」のくずしです。このような、偏や旁に分けられなかったり、注目すべき部分がないくずし字については、その形ごと覚えてしまうしかありません。「者」のくずしの上に「、」をつけた形が典型的なくずしです。は分解すると、「夕」と「ト」になりますので、合わせて「外」となります。右側のは、打たれる位置が書き手によって変わることがありますので、注意してください。で「其外」です。
の後は江戸かなが四文字続きます。

が「い」（以）、が「つ」（川）、が「の」（乃）は、よいでしょうか。は第五章にも出てきましたが「連」のくずしで、江戸かなの「れ」にあたります。この部分が「辶」（しんにょう）です。で「いつれの」（いづれの）です。

次のは、先ほどの「其」と同様、判読が難しいくずし字ですが、「所」の典型的なくずしの一つになります。形ごと覚えてしまいましょう。

の後は江戸かなが三文字続きます。どれも既出の文字ばかりです。は「に」（尓）、は「て」（天）、は「も」（毛）で、で「にても」です。

ここまでをまとめると、「一、火事場其外、いつれの所にても」（ひとつ、かじばそのほか、いづれのところにても）となり、「火事の現場や、その他のどのような場所においても」という意味です。

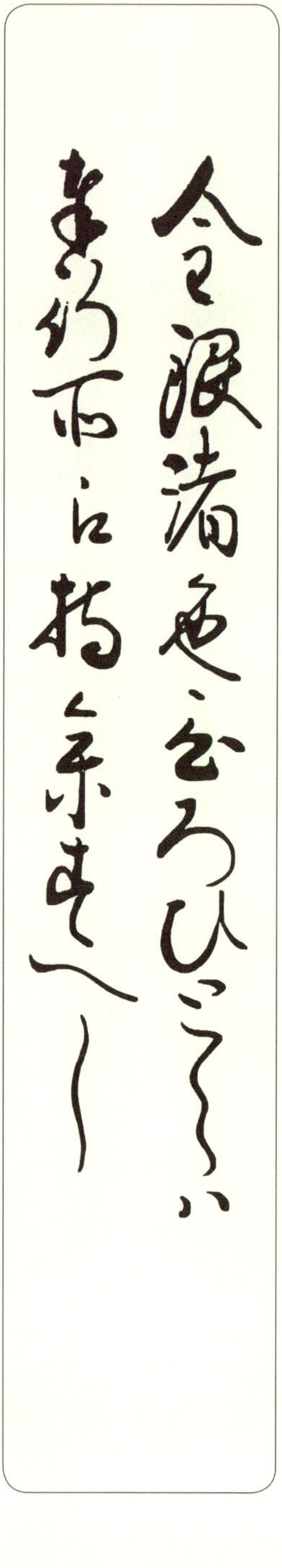

続きを読みましょう。
まずで二字熟語です。
次のは、「𠆢」に、「主」に似たくずし字で、合わせて「金」となります。
次のは、偏のが典型的な「金」（かねへん）のくずしです。旁のは「艮」のくずしですので、合わせて「銀」になります。で「金銀」です。
次のも二字熟語です。
の偏は、ちょっと分かりづらいですが、先ほどの「討」と同じ「言」（ごんべん）です。旁のは「者」に見えるでしょうか。合わせて「諸」です。
は、上のが「ク」、下のが「也」に似た「巴」で、合わせて「色」。答えを聞けば、くずしの形や筆順から「色」に見えてくるのではないでしょうか。で「諸色」です。
以下、江戸かなが六文字続きます。
は第四章で見ました。江戸かなの「ひ」です。元の漢字は「飛」でした。は「ろ」（呂）、は「ひ」（比）、は「と」（止）、は「ら」（良）、は「は」（八）となり、で「ひろひとらは」＝「拾い取らば」となります。
ここまでをまとめましょう。「金銀・諸色ひろひとらば」（きんぎん・しょしきひろいとらば）

で、「（火事の現場で）金銀や、いろいろな物を拾ったならば」という意味になります。

次はで三字熟語です。

まず、は古文書によく出てくる大事な字ですが、分解しても分かりづらそうですね。これは「奉」の典型的なくずしです。形を丸ごと覚えてしまいましょう。

は、偏のが「亻」（ぎょうにんべん）だと分かります。旁のは典型的な「斤」のくずしですが、ここでは「亍」のくずしと見て、「行」を導き出します。

最後のは、先ほど見たばかりの「所」ですね。で「奉行所」だと分かりました。

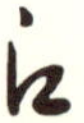は、偏のが「氵」（さんずい）のくずしです。旁のは「工」で、合わせて「江」となります。文章の右寄りに、他の字よりも小さく書かれることが多いですので、判別の基準になります。

は二字熟語です。

は、が「扌」（てへん）のくずしです。もう「扌」のくずしには慣れたでしょうか。旁のは典型的な「寺」のくずしで、合わせて「持」となります。「寺」は形を覚えてしまいましょう。

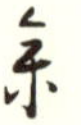は、古文書によく出てくる大事なくずしです。形ごと覚えてしまうしかないので、答

えを言ってしまうと、これは典型的な「参」のくずしになります。「参」の上の「ム」の部分が、で表されます。で「持参」です。

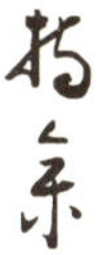

で江戸かな三文字です。は「す」（春）、は「へ」（部）、は「し」（之）で、「すへし」（すべし）となります。

ここまでをまとめると、「奉行所江持参すへし」（ぶぎょうしょへじさんすべし）となり、「（江戸町）奉行所へ持参しなさい」という意味です。

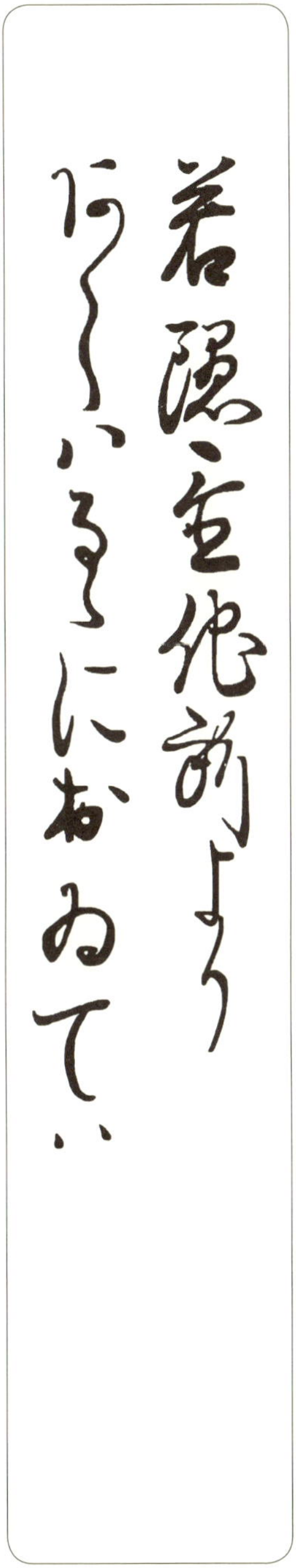

は、部分が「艹」（くさかんむり）、が「右」。合わせて「若」です。ここでは、「わか」と読むのではなく「もし」と読みましょう。

は二字熟語です。

には二つの特徴的なくずしが含まれています。まずは「阝」（こざとへん）のくずしで、旁のは典型的な「心」のくずしになります。この二つが判別できれば、答えは見つかりそうです。これは「隠」のくずしです。

は、古文書によく出てくる大事な字で、「置」の典型的なくずしです。が「直」のくずしになり、このの「直」で「置」を判別します。で「隠置《かくしおき》」となります。

も二字熟語です。

のが「イ」（にんべん）であることは、すぐにお分かりになるでしょう。旁は「也」のくずしですが、右側に打たれたが「他」であることの判別基準になるでしょうか。合わせて「他」となります。

はほとんどくずれていませんね。「戸」と「斤」を合わせて「所」のくずしになります。これまでに出てきた「所」に比べると、はるかに読みやすいですね。

で「他所」です。

次は江戸かなが十二文字も続きます。

まず、が「よ」（与）、が「り」（利）で、「より」です。

が「あ」（阿）、が「ら」（良）、が「は」（八）、が「る」（留）、が踊り字の「ゝ」、

が「に」（仁）、が「お」（於）です。先ほど見た「お」（於）よりも、現在のひら

がなに近いですね。続けてが「ゐ」（為）、が「て」（天）、が「は」（八）です。
で「あらはるゝにおゐては」＝「顕わるるにおいては」です。

ここまでをまとめてみましょう。「若隠置、他所よりあらはるゝにおゐては」（もしかくしおき、たしょよりあらわるるにおいては）となり、「もし（拾った物を）隠して置いて、他の場所から見つかった場合には」という意味です。「他の場所」は、拾った人の家のなかや質屋などのことと考えてもよいでしょう。

は、先ほど見た「其」のくずしでしたね。
は、それほどくずれていません。が「罒」（あみがしら）を、が「非」のくずしを表しています。合わせて「罪」となります。
は、「重」をくずした形です。形ごと覚えてしまいましょう。
の後は、江戸かなが四文字続きます。

は「か」（加）、は「る」（留）、は「へ」（遍）、は「し」（之）で、は「かるへし」（かるべし）となります。

「其罪、重かるへし」（そのつみ、おもかるべし）となり、「（拾った物を届け出ずに隠して置いて、他の場所から見つかった場合には）その罪は非常に重いものとなる」という意味になります。

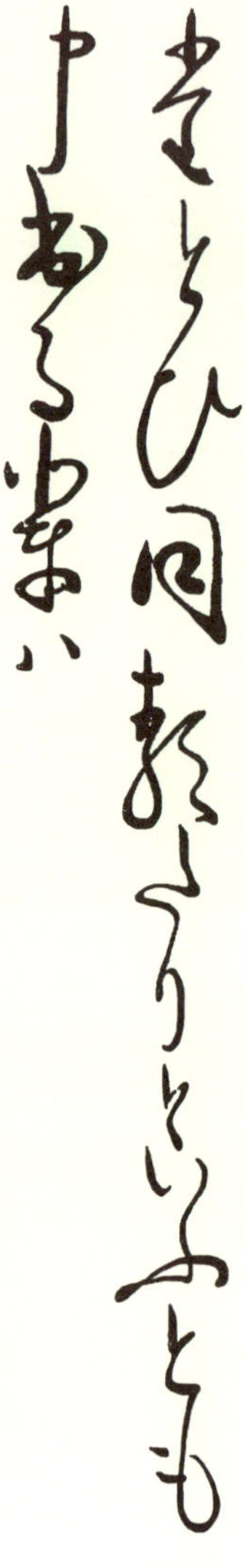

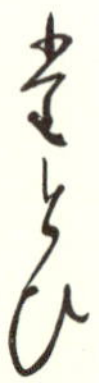は江戸かな三文字です。が「と」（止）、が「ひ」（比）であることはすぐにお分かりになると思います。ここではを考えてみましょう。は「堂」のくずしで、「どう」↓「だう」↓「たう」↓「た」となります。よってで「たとひ」＝「たとい」＝「たとえ」です。

は二字熟語です。

は「同」。「冂」部分に注目です。

は、ちょっと難しいですが「類」で、旁の「頁」（おおがい）と、左上の「木」のようなくずし字が判読の手掛かりになります。で「同類」です。

次のは、江戸かなが七文字。すべてこれまでに出てきた江戸かなで構成されています。

は「た」（多）、は「り」（利）、は「と」（止）、は「い」（以）、は「ふ」（不）、は「と」（止）、は「も」（毛）でしたね。「たりといふとも」＝「たりというとも」となります。

は「P」に似ているので「申」でした。

は、先ほど一四七頁で例に挙げた「出」のくずしと同じですね。

は、「る」（留）です。で「申出る」（もうしいづる）と読みます。

次のは初めて出てきました。分解してみると、下の部分は「車」の典型的なくずしです。上のはかなり難しいですが、これで「北」のくずしになります。合わせて「輩」。この字は「輩」（ともがら）の異体字です。

は「は」（八）でしたね。

ここまでをまとめてみましょう。「たとひ同類たりといふとも、申出る輩は」（たといどうるいたりというとも、もうしいづるともがらは）となり、「たとえ（拾い物を届け出ずに隠し持っ

ているという意味では）同類だとしても、（後で）自分から申し出れば」という意味です。古文書の場合、主語や述語が明確でなく、かなりの語句が省略して書かれますので、括弧内のような言葉を補って読まないと、意味が正確につかめないことが多いです。

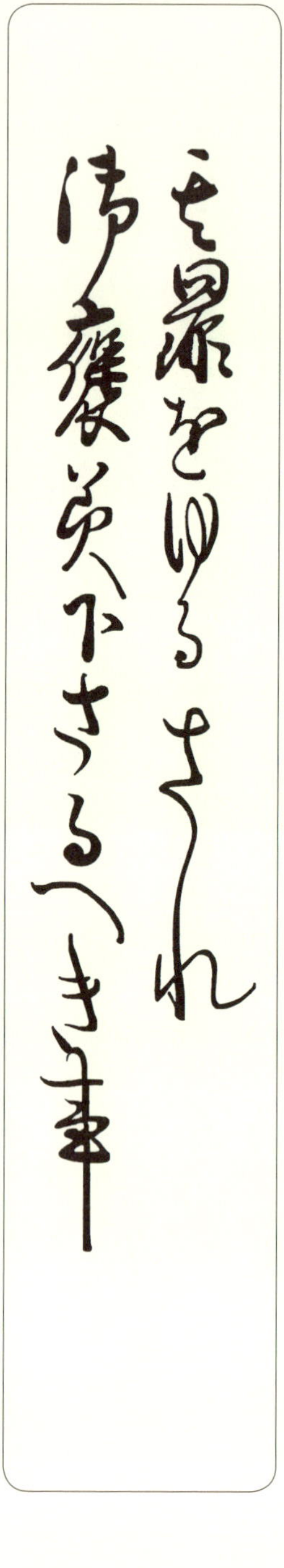

は三度目の「其」です。もう慣れたでしょうか。も二度目の「罪」です。「罒」（あみがしら）に「非」ですね。

以下、江戸かなが五文字続きます。は「を」（遠）、は「ゆ」（由）、は「さ」（左）、は「れ」（礼）で、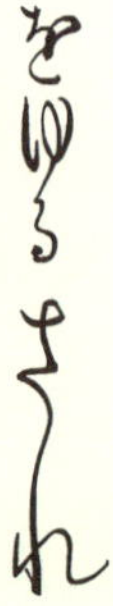「其罪をゆるされ」となりました。

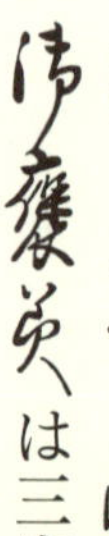は三字熟語です。

まずですが、一五五頁で見た「御法度」の「御」と同じですね。

次のは、分解してみると、「亠」（なべぶた）、「保」、「衣」のようなくずしに見えると思います。三つを合わせてみると「褒」になりますね。

続くですが、これは典型的な「美」のくずしです。形ごと覚えてしまいましょう。一五〇頁で見た「差」と見比べてみると、上の「⺷」部分のくずしが同じことが分かります。また、は江戸かなの「み」としても出てきます。で「御褒美」です。

次のは「下」。一五三頁の「下々」で見ました。

以降は、江戸かなが四文字続きます。が「さ」（左）、が「る」（留）、が「へ」（部）、が「き」（幾）で、で「さるへき」＝「さるべき」です。

最後の一字は、お馴染みの「事」ですね。

ここまでをまとめてみると、「其罪をゆるされ、御褒美下さるへき事」（そのつみをゆるされ、ごほうびくださるべきこと）となり、「その罪を赦され、ご褒美まで下されるはずだ」という意味です。

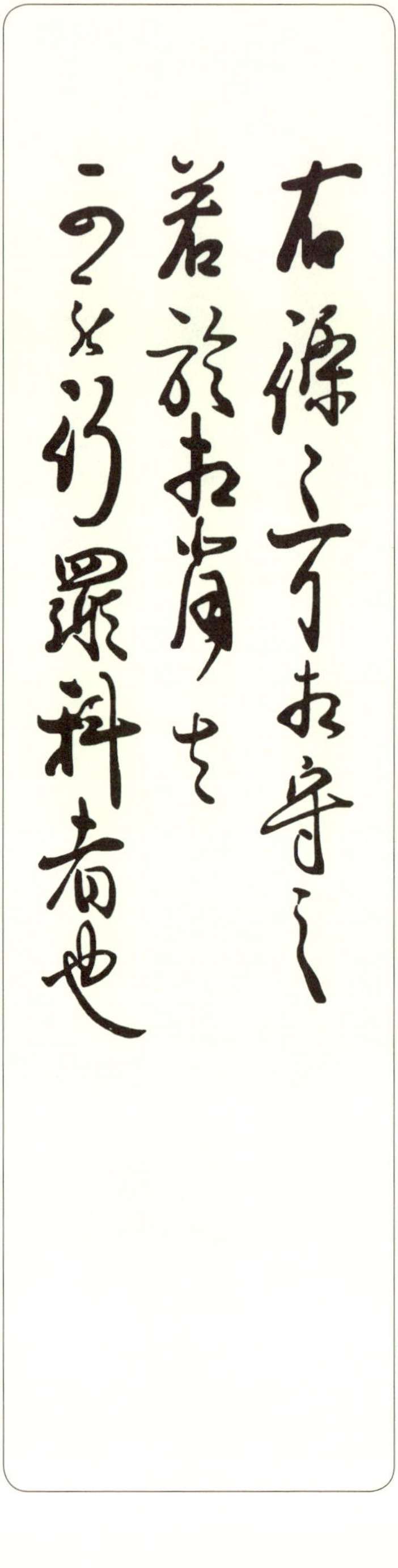

は、見たままの「右」。部分が「口」のくずしです。

は、まずは分解してみましょう。偏はが「イ」（にんべん）、旁はが「｜」、が「夂」、が「木」と見て、これらを合わせてみると「條」のくずしになります。「條」は「条」の旧字体です。なお「條」は、くずし字で書かれる際、本字のように「イ」（にんべん）が「彳」（ぎょうにんべん）のように書かれることがあります。

次のは、踊り字の「々」を示します。これまで見てきたように、踊り字は漢字だけではなく、江戸かなにもカタカナにも使われます。「之」や「こ」、「ミ」と似ていますので混同しないように注意しましょう。

は、ここまでで一文字。古文書によく出てくる「可」のくずしです。

は、前節で何度もでてきた「相」の典型的なくずし字です。次のは、「宀」（うかんむり）と「寸」がしっかり書かれています。合わせて「守」です。

「守」の下は、お馴染みの「之」ですね。で「可ニ相守レ之」（これをあいまもるべし）となります。

先を読みましょう。

は、先ほどでてきた「若」。「艹」（くさかんむり）もしっかり書かれています。「もし」と読むのでした。

次のを見て、偏のが「方」のくずしであることが分れは、「於」が出てくるでしょう。「於」は、一五四頁で見たように「方」が「扌」（てへん）のように書かれることがあるので、注意しておきましょう。

は「相」。次のは何でしょうか。分解してみると、上のは一六九頁で見た「輩」の上のくずしと同じことが分かりますね。これは「北」と読みました。下のは「月」のように見えますので、合わせて「背」となります。

は、江戸かなの「は」。元の漢字は「者」です。で「若於ニ相背一は」（もし、あいそむくにおいては）となります。

は、これまでに何度も出てきた「可」。先ほどの「可」がさらにくずれた形です。

は「被」のくずしです。この「被」も古文書にはよく出てくるので、形をよく覚えておきましょう。「被」は、「可」の下にきたり、ほかの字よりも少し小さく書かれることが多いのが特徴です。

は、一六四頁で見た「奉行所」の「行」と同じです。「イ」（ぎょうにんべん）がしっかりと書かれていますね。

も何度目かの登場で、「罪」です。

は、分解してみましょう。偏のは「禾」（のぎへん）だと分かりそうです。旁のも「斗」と分かりますので、合わせて「科」。で「罪科」です。

最後の二字は、が「者」、が「也」と、すぐに分かります。

ここまでをまとめてみましょう。「右条々可二相守一レ之、若於二相背一は、可レ被レ行二罪科一者也」（みぎじょうじょう、これをあいまもるべし、もし、あいそむくにおいては、ざいかおこなわるべきものなり）となり、「右の三カ条を守りなさい。もし背く者がいれば、刑罰を科すものとする」という意味になります。

最後は、元号や年月日などが書かれています。

まずは、江戸時代の元号です。

は、一三三頁でも見た「正」ですね。「一」と、「止」です。

は、が「イ」（ぎょうにんべん）であることは分かります。旁のは「直」のくずしに似ていますが（一六六頁の「置」のくずし参照）、違います。実は、は「徳」の典型的なくずしになります。「徳」の旁部分は、「直」に似たくずし字で書かれることがほとんどですので、覚えておくとよいでしょう。で「正徳」（しょうとく）です。西暦では一七一一年から一七一六年まで。元禄・宝永年間と享保年間に挟まれています。

は、見たままの「元」。

も、「年」がしっかりと書かれていますね。で「元年」です。

はどうでしょうか。「正徳元年」まで分かりましたので、次に月日がくることが予測できます。その場合、一から十二までのいずれかの漢数字が入る訳ですが、は漢数字のどれに該当するでしょうか。答えは「五」。このが「五」の典型的なくずしになります。

次のは「月」、は「日」です。で「五月日」（ごがつじつ）となります。古文書の場合には、日付が書かれないことがよくあります（元号が書かれないこともあります）。

最後の二字は、がほとんどくずれていない「奉」、は先ほど出てきた「行」だと分かります。合わせて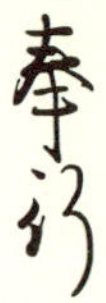「奉行」です。

これで、三カ条すべてを読み終わりました。

いかがでしたか。江戸かなは、第五章までの学習で何とか読めたのではないかと思いますが、漢字のくずし字はかなり難しかったかもしれません。しかし、くずし字を分解して検討してみると、「意外と読める」、と思われた方もいるのではないでしょうか。もちろん、分解することができない漢字もありますので、その場合には形ごと覚えてしまうしかありません。

本書を最初から最後まで読み通しても、すべての江戸かな、すべての漢字が読めるようになる訳ではありませんが、『古文書をはじめる前の準備講座』というタイトルの通り、スタートラインにつくことはできたのではないかと思います。

# 所収資料の解読文

**✲四一頁～四六頁の解読文**

（旧字・旧仮名遣いは原文通りとした）

## 山本首相の告諭

内閣告諭《ないかくこくゆ》第《だい》一號《がう》　東京《とうきやう》及《および》近縣《きんけん》に亘《わた》れる今《こん》次《じ》の震災《しんさい》は伴《ともな》ふに大火災《だいくわさい》を以《もつ》てし惨害《さんがい》の甚《はなは》だしき言語《ごんご》に絶《ぜつ》し日常《にちじやう》の設備《せつび》蕩然《とうぜん》一空《くう》に歸《き》し焦眉《せうび》の措置《そち》最《もつと》も急《きふ》を要《えう》す

政府《せいふ》は先《ま》づ秩序《ちつじよ》を保《たも》ち安定《あんてい》を得《え》しむるに勉《つと》め食糧物資《しよくれうぶつし》の補給建築材料《ほきふけんちくざいれう》の準備《じゆんび》其他《そのた》應《おう》急《きふ》百般《はん》の施設《しせつ》を爲《な》すに於《おい》て最善《さいぜん》の努力《どりよく》を盡《つ》くしつゝあり

攝政殿下《せつしやうでんか》深《ふか》く御憂慮《ごいうりよ》あらせられ親《した》しく優《いう》渥《あく》なる御沙汰《ごさた》を賜《たま》ひ内帑《ないど》の資《し》を發《はつ》せらるゝ旨《むね》を傳《つた》へられ適宜《てきぎ》應急處置《おうきふしよち》を爲《な》し遺憾《ゐかん》なきを望《のぞ》ませらる生民《せいみん》の休戚《きうせき》に就《つ》き御軫念《ごしんねん》あらせらるゝの深《ふか》き同胞《どうはう》と倶《とも》に本大臣《ほんだいしん》の恐懼《きやうく》感《かん》激《げき》に勝《た》へざる所《ところ》なり茲《こゝ》に盛旨《せいし》を奉《ほう》じて應急《おうきふ》の處置《しよち》を執《と》り復舊《ふくきう》を圖《はか》るは政府《せいふ》の全力《ぜんりよく》を擧《あ》げて事《こと》に從《したが》ふ所《ところ》なるも亦擧國《またきよこく》一致《ち》の奮起《ふんき》協力《けふりよく》に待《ま》つこと切《せつ》なり希《こひねが》はくは罹災者《りさいしや》は固《もと》より一般《ぱん》の國民皆《こくみんみな》能《よ》く盛旨《せいし》の渥《あつ》きを奉體《ほうたい》し官民戮力《くわんみんりくりよく》以《もつ》て仁慈《じんじ》なる御沙汰《ごさた》の貫徹《くわんてつ》を期《き》し各自《かくじ》相激勵《あひげきれい》して適應《てきおう》の處置《しよち》を誤《あやま》らず此《こ》の異常《いじやう》の災害《さいがい》に對《たい》して絶大《ぜつだい》の努力《どりよく》を致《いた》されむことを是本大臣《これほんだいしん》の切望《せつばう》に堪《た》へざる所《ところ》なり

大正十二年九月四日

内閣總理大臣　伯爵山本權兵衛

## ✿六一頁〜七一頁の解読文

（括弧内は江戸かなの元の漢字）

【六一頁】

いぬ（以奴）・犬、ゐのしゝ（為乃志々）・猪、おほかみ（於本可美）・狼、りす（利春）・栗鼠

【六二頁】

すゞめ（春々免）・雀、にはとり（仁波止利）・鶏、ひばり（比者利）・雲雀、とんぼう（止无本宇）・蜻蛉

【六三頁】

はち（波知）・蜂、ほたる（保多留）・蛍、むかで（武可天）・百足、あさがほ（安左可本）・牽牛花＝朝顔

【六四頁】

みかん（美可无）・密柑＝蜜柑、もゝ（毛々）・桃、やなぎ（也奈幾）・柳、れんこん（礼无古无）・蓮根

【六五頁】

けつぷ（介川不）＝けっぷ＝キャップ、くつ（久川）＝靴、はっと（者川止）＝はっと＝ハット、くつしたたび（久川之太多比）

【六六頁】

しやあつ（志也安川）＝しゃあつ＝シャツ、ずぼん（春本无）＝ズボン、ちよつき（知与川幾）＝ちょっき＝チョッキ、かうもりがさ（加宇毛里加左）＝こうもりがさ

【六七頁】

ちやわん（知也王无）＝ちゃわん・茶碗、つくゑ（川久恵）＝つくえ・机、てまり（天満利）・手毬、めがね（女可禰）・眼鏡

【六八頁】
こつぷ（己川不）＝こっぷ＝コップ、わいんぐらあすともいふ（王以无久良安須止毛以不）＝ワイングラスともいう、みつまた（三川末多＝三叉＝フォーク）、肉《にく》さしともいふ（尓久左之止毛以不＝肉刺しともいう）、びいるがらす（比以留可良須）＝ビールガラス、とむぶらるまたみずのみともいふ（止武不良留末多三川能美止毛以不）＝トンブラル（タンブラー）また水飲みともいう、とほめがね（止本免可年）＝遠眼鏡、望遠《ばうゑん》鏡《きやう》（＝者宇恵无幾也宇）ともいふ＝望遠鏡《ぼうえんきょう》ともいう

【六九頁】
日はひがしよりいで丶、にしにいる（日波飛可之与里以天々、尓之尓以流）＝日は東より出でて、西に入る

【七〇頁】
日月は天にかゞやき、草木は地におふ（日月八天尓加々也幾、草木波地仁於不）＝日月は天に輝き、草木は地に生う

【七一頁】
ひとつ（比止川）、ふたつ（不多川）、みつ（三川）、よつ（与川）、いつゝ（以徒々）、むつ（武川）、なゝつ（奈々川）、やつ（也川）、こゝのつ（己々乃川）、とを（止遠）

## ✽七三頁〜七八頁の解読文

（旧字は常用漢字に直した。／は原文の改行位置を示す）

第九章　兄弟の友愛

友とは兄弟のなかよきをいふ。抑我が身の

大恩を受けた／る父母に次ぎて親きは、兄弟なり。兄弟は、父母の骨肉を分／ちたるものなれば、兄は弟を愛し、弟は兄を敬ひ、相親み相／睦みて、喧嘩口論せざるはいふまでもなく、互に助け助け／られて、同じく親に事へて孝をつくし、共に君に事へ奉り／て、忠義を励むべきは、兄弟の本分と云ふべし。姉妹の間も、／また兄と妹、姉と弟の間も、皆これに同じと心得べし。実に／兄弟は、もと同体の分れたるものなれば、父母の亡き後に、／その財産などを分ち受くるにつけても、互に相争ふ如き／ことあるべからず。余あるものは、足らざるものを助け、富／めるは貧しきを救ひて、共に世に立つをこそ、兄弟の情義／といふべけれ。さるを財産の争よりして、兄と弟とが裁判／所に出てゝ、理非の公判を仰ぐやうの事も、偶世間に聞ゆ／るは、左の手を以て、右の手を切り、右の手を以て、左の手を／割くが如し。誠にあさましき心といふべし。かゝる人は、兄／弟相親み、相睦むときは、其間に天然に無上の楽ある情を／知らぬがゆゑなるべし。この境界を知らずして、徒に慾に／のみ迷へるは、夢を見て猶醒めざる人の如し。この情を知／れる人より見れば、或は悪み、或は笑ふことならん。論語に／も兄弟には怡々たりとあり、怡々とは悦び和ぐ事にて、心／中よりあふれ出でゝ、言語容貌の間にまで、いふべからざ／る楽あるをいふなり。

## ✤七九頁〜八四頁の解読文
（旧字は常用漢字に直した。／は原文の改行位置を示す）

### 第二十章　朋友の信

信とは、偽り欺かざることにして、言語の誠なるをいふな／り。凡世の中に愍むべきもの、数多けれども、信ある朋友の／なきより、あはれなるはなし。人もし友なくともよしとせ／ば、山の奥海のほとりに、住みはつるも、悔なかるべし。さる／を、寄りつどひて、都市、町村に住まんことを願ふは、友なく／てはかなはぬ事あればなり。風の朝、雨の夕、楽あるも憂あ／るも、信義ある友をもてるは、大船にのりたる如きこゝち／すべし。殊に人は万能に長ずるものならねば、互に朋友の／智慧を借り、また手をかることも多かるべし。されば、世に／出でゝ、一身を立てんとするものは、必友なくては、叶ひが／たき道理なり。されども、信義ある朋友は、これを得ること、誠にかたければ、一たび信義ある朋友を得たらんには、互／に真心を打ち明けて、まことの兄弟の如くにつきあひ、仮／初にも、偽り欺くことなく、互に忠告助言して、疾病患難に／遇はゞ、力の及ばんかぎり、相済はざるべからず。是をこそ／朋友の貴き価とは云はめ。さるに、一旦の怒にまかせて、信／義を破り、または、少しの慾に迷ひて、日頃のよしみを打ち／わするゝものあるは、いかに歎かはしきかぎりならずや。是等は、皆信の字の意味を知らぬものとや、いふべき。誠に／信の一字は人間に欠くべからざる、必要のものにして、こ／れなければ、厚き交際は、決して成り立つこと能はず。もし／信なくして世に立たんと思はゞ、火を焚かずして、湯のに／えんことを望むが如く、翼なくして飛ばんと欲するが如／し。

### ✿八六頁〜一〇二頁の解読文

（旧字は常用漢字に直した。／は原文の改行位置を示す）

狼《おほかみ》　独逸　グリム氏　原著
日本　上田万年　重訳

一

むかし、一疋《いっぴき》の年《とし》とッた女羊《めひつじ》があッて、七《しち》疋《ひき》の子《こ》／供《ども》を可愛《かわい》がッて育《そだ》てゝ居《ゐ》た。ある日《ひ》、その女《め》／羊《ひつじ》が、森《もり》へ行《い》ッて食物《たべもの》をとッて来《く》るとて、子供《こども》た／ちを呼《よ》びあつめて云《い》ッたには、みんなはよい／子《こ》だから、今《いま》おッかさんが森《もり》へ行《い》ッて居《ゐ》るうち／は、よく狼《おほかみ》に気《き》をおつけよ。もしあれが来《く》／ると、お前《まへ》たちは皮《かわ》から毛《け》まで、みんな食《く》は／れてしまいます。それに、あれは時々身《ときぐみ》な／りをかへて来《く》るから、よくあのこはい声《こゑ》と、黒《くろ》い足《あし》とに気《き》をつけて、だまされないやうにおし、と云《い》ッたら、子供《こども》たちはいづれも、おッか／さん。私《わたくし》たちはおッしやるとほり、気《き》をつけ／ませう。心配《しんぱい》せずに、行《い》ッていらッしやい、とや／さしく答《こた》へたゆゑ、その女羊《めひつじ》は、よろこんで、／いッさんに森《もり》へと行《い》ッてしまッた。

二

しばらくたつと、羊《ひつじ》の小屋《こや》の戸《と》をたゝくも

／のがあッて、よい子《こ》や。こゝをおあけ。おッか／さんだよ。みんなに、よいおみやげを、もッて／来《き》ました、と云《い》ふのを聞《き》いた子供《こども》たちは、声《こゑ》／のこはい所《ところ》から、これは狼《おほかみ》だらうと、さとッた／ゆゑ、イーエ戸《と》はあけないよ。お前《まへ》は私《わたし》た／ちのおッかさんではない。おッかさんの声《こゑ》は、／もッとやさしく可愛《かあい》らしいは、お前《まへ》のは、横柄《わうへい》／だ。お前《まへ》は狼《おほかみ》だ、と答《こた》へた。そこで狼《おほかみ》は、薬《くすり》／屋《や》へ行《い》ッて、声《こゑ》をやさしくする薬《くすり》を買《かッ》て、これ／をたべて、さてまた以前《いぜん》の小屋《こや》にたちかへ／り、戸《と》をたゝいて、よい子《こ》や。こゝをおあけ。

　おッかさんだよ。みんなによいおみやげを、持《も》ッて来《き》ましたと云《い》ひながら、そのくろい／前足《まへあし》を窓縁《まどべり》にのせたゆゑ、小羊《こひつじ》たちはまた／も見《み》てとり、云《い》ッたには、イーエ戸《と》はあけない／よ。私《わたし》たちのおッかさんの足《あし》は、そんなに黒《くろ》／くはない。お前《まへ》はきッと狼《おほかみ》だらう、と答《こた》へた。

　そこでまた狼《おほかみ》は、パン屋《や》に行《い》ッて、おれは足《あし》／にけがをしたから、一寸《ちょッと》こゝへ、その水《みづ》にし／た麦粉《むぎこ》を、つけてくれ、と云《い》ッて、さうさせたの／ち、こんだは粉屋《こなや》へかけて行《い》ッて、この足《あし》の上《うへ》／へ、白《しろ》い粉《こ》をかけてくれ、とたのんだ。しか／し粉屋《こなや》は、またいつもの狼《おほかみ》めが、だれかをだ／ますのだらう、と考《かんが》へたゆゑ、かれこれぐづ／〱していたら、はやくしないと、手前《てまへ》を食《く》ッて／しまふぞ、とおどされて、とう〱その云《い》ふと／ほり為《し》てやッた。人間《にんげん》は、みんなこんなに、弱《よわ》／いものである。

三

かのわるものは、また〳〵羊《ひつじ》の小屋《こや》にたちか／へッて、戸《と》をたゝきながら、よい子《こ》や。こゝを／おあけ。おッかさんだよ。森《もり》からみんなに／よいおみやげを、もッて来《き》ました、と云《い》ッたら、家《いへ》／の中《なか》からは小羊《こひつじ》たちが、どれおッかさんか、おッ／かさんでないか、まづ足《あし》をお見《み》せ、と答《こた》へた。

　狼《おほかみ》はそのとき前足《まへあし》を、窓縁《まどべり》の上《うへ》にのせて見《み》せた。小羊《こひつじ》たちはその足《あし》が白《しろ》いゆゑ、狼《おほかみ》／ではない、と思《おも》ッて、小屋《こや》の戸《と》をあけた。する／と、なにがはいッた、と考《かんが》へますか。狼《おほかみ》、さッきか／らおそれて居《ゐ》た狼《おほかみ》が、ノッソリはいッて来《き》た。

　小羊《こひつじ》たちは見《み》ておどろいた、こはがッて方《はう》／々《ぐ》へ隠《かく》れてしまッた。最初《さいしょ》のは机《つくゑ》の下《した》、二番《にばん》／目《め》のは寝床《ねどこ》の中《なか》、三番目《さんばんめ》のは膳《ぜん》棚《だな》の中《なか》、四番《よばん》／目《め》のは台所《だいどころ》の隅《すみ》、五番目《ごばんめ》のは釜《かま》の中《なか》、六番目《ろくばんめ》／のはせんたく桶《をけ》の中《なか》、七番目《しちばんめ》のは、時計箱《とけいばこ》の／中《なか》へと、それ〳〵、隠《かく》れてしまッた。しかし狼《おほかみ》は／だん〳〵に見《み》つけだし、ひとつびとつ、まる呑《のみ》／にしたが、中《なか》に一疋一番《いつぴきいちばん》ちいさくッて、時計箱《とけいばこ》の中《なか》にかくれた子《こ》ばかりは、とう〳〵見《み》つか／らなんだ。狼《おほかみ》は腹《はら》がはッたものだから、気《き》が／おもくなり、ぶら〳〵あるき出《だ》して、とある木《き》／の下《した》の、青《あほ》い草庭《くさには》の上《うへ》にころがッて、われをも／しらず寝《ね》てしまッた。

四

　そのうちにかの女羊《めひつじ》はかへッて来《き》た。そこらのありさまはどんなであッたらうか。小《こ》屋《や》の戸《と》はひろくあけはなたれ、机《つくゑ》も椅子《いす》もひッくりかへり、せんたく桶《をけ》はこなぐ〳〵になり、／布団《ふとん》も枕《まくら》も寝床《ねどこ》からはふり出《だ》されて居《ゐ》た。

　子供《こども》たちをたづねたが、影《かげ》も形《かたち》もなく、そ／れ〳〵の名《な》を呼《よ》んでも、だれも返事《へんじ》をしなかッ／た。たゞ女羊《めひつじ》が、七番目《しちばんめ》の、一《いち》番《ばん》ちいさい子《こ》／の、名《な》を呼《よ》んだときに、ちいさな声《こゑ》で、おッかさ／ん。私《わたくし》はこの時計《とけい》箱《ばこ》の中《うち》に居《ゐ》ます、と云《い》ふ／のがきこえた。母《はゝ》の女羊《めひつじ》は、すぐにその子《こ》／をたづね出《だ》し、抱《いだ》きあげて聞《きい》たら、狼《おほかみ》が来《き》て、／みんなを呑《の》んでしまッた、と云《い》うはなし。ア／ーそのとき、羊《ひつじ》のおッかさんは、子供《こども》たちをく／はれて、どんなに泣《な》いたらう、どんなにかな／しかッたらう。このお話《はなし》を聞《き》くみなさんに／は、このときの女羊《めひつじ》の心《こゝろ》を察《さつ》することが出《で》／来《き》ますか。

五

多《おほ》くの子供《こども》たちを失《うしな》ッて、羊《ひつじ》のおッかさんはか／なしみのあまり、家《いへ》にも居《ゐ》たゝまれんで、外《そと》／へ出《で》て、ひとり残《のこ》ッた子供《こども》とともに、かの青《あを》い／草庭《くさには》の辺《ほとり》まで来《き》たところ、狼《おほかみ》が木《こ》の葉《は》もふ／るへさうな大《おほ》いびきをかいて、寝《ね》て居《ゐ》るの／に出《で》あッた。女羊《めひつじ》は近《ちか》よッてよく〳〵見《み》れば、な／にか腹《はら》の中《なか》で動《うご》きまはるやうす、アーあり／がたい、さうして見《み》ると、狼《おほかみ》めが呑《の》んだ子供《こども》／たちは、まだ〳〵生《い》きて居《ゐ》ると見《み》える、と考《かんが》へ／て、自分《じぶん》の家《いへ》へかけて行《い》ッて、はさみと針《はり》と糸《いと》／とを持《も》ッて来《き》て、まづはさみで狼《おほかみ》の腹《はら》を切《き》り／はじめた。一寸《ちょッと》切《き》ッたら、中《なか》からちいさな羊《ひつじ》／が、一寸顔《ちょッとかほ》を出《だ》した。だん〱切《き》ッて行《い》けば、だ／ん〱体《からだ》を出《だ》して、とう〱六疋《ろっぴき》ながら、満足《まんぞく》に／出《で》て来《く》ることができた。みんなはよろこ／んだ、おッかさんをとりまいて、跳《おど》ッてうれしがッ／た。そのとき女羊《めひつじ》が子供《こども》たちに云《い》ッたには、／お前《まへ》たちはそこらへ行《い》ッて、大《おほ》きな石《いし》を持《も》ッて／おいで。それをこの腹《はら》の中《なか》へかはりにい／れておかう、とて、やがて沢山《たくさん》の石《いし》を、狼《おほかみ》の胃《ゐ》／ぶくろの中《なか》へつめこみ、それから針《はり》と糸《いと》と／で、きり口《くち》を縫《ぬ》ッておいた。これはみんな狼《おほかみ》／が寝《ね》て居《ゐ》た内《うち》のことで、起《お》きてのちまで、ちッ／とも知らなかッたことであッた。

六

やがて狼《おほかみ》は起《お》きあがり、あるきはじめたが、石《いし》が胃《ゐ》ぶくろの中《うち》にあッたから、咽喉《のど》がかは／いてたまらなかッた。そこで水《みづ》を呑《の》まうと／思《おも》ッて、小川《こがは》のふちへと出《で》かけたが、あるくに／つれて、石《いし》が体《からだ》の中《なか》でごろ〱した。骨《ほね》にあ／たッてがら〱するのは、なんだらう、どうも、ち／いさな羊《ひつじ》ではないやうだ。とんと大《おほ》きな／石《いし》のやうだが、など、ひとりごとを云《い》ひな／がら、やがてそのふちに行《い》ッて、かゞんで水《みづ》を／呑《の》まうとしたら、おもい石《いし》が一方《いッぱう》によりす／ぎて、体《からだ》のつりあいがなくなッたものだから、／足《あし》をすべらし、川《かは》の中《なか》へおッこッた。この騒《さわ》ぎ／に気《き》がついて、小羊《こひつじ》たちが出《で》て来《き》て見《み》れば、／水《みづ》の中《なか》には狼《おほかみ》が大層苦《たいそうくる》しんで居《ゐ》た。そこで／みんなはよろこび、大きな声《こゑ》で、ヤー狼《おほかみ》は死《し》／んだ〱、ヤア狼《おほかみ》は死んだ〳〵、とさけびながら、／堤《つゝみ》の上《うへ》でおッかさんをとりまいて、跳《をど》りまはッ／てうれしがッた、とさ。

○注意

（一）はの字《じ》は凡《すべ》てわ、への字《じ》は（返《へん》事《じ》のへを除《のぞ》／き）凡《すべ》てえ、おほかみ（狼）かほ（顔）等《とう》のほの字《じ》は／おと読《よ》むべし（二）ッの字《じ》はつまりたる音《おん》の／符《ふ》喋《てふ》なり（三）又ーの符《ふ》喋《てふ》両字《りやうじ》の間《あひだ》にあれば／両字《りやうじ》の示《しめ》す音一《おんひとつ》に鎔化《ようくわ》せるを示《しめ》し片仮字《かたかな》／の下《した》にあればその仮字《かな》の示《しめ》す音《おん》を長《なが》く発《はつ》／声《せい》すること、知《し》るべし

明治廿二年九月一日印刷
同　年十月五日出版

重訳者　愛知県士族
上田万年
本郷区駒込西片町
十番地

印刷兼発行者　東京府平民
吉川半七
京橋区南伝馬町
一丁目十二番地

## ✿一〇四頁～一〇五頁の解読文

（旧字は常用漢字に直した）

太郎のもとへ其友だちの松吉が方より手紙をよこしたり○太郎は見をはりて、其弟の八年になる

二郎をよびて曰く二郎さん、お前は此の手紙がよめますか、又わけがわかりますかと問へり○二郎は其手紙を見るに左の如くした丶めたり

御目にか丶りたき用むきあり　今夕御出で下されたし
二月三日　松吉
太郎様

二郎は右をよみをはりて曰く此お手紙は「お目にか丶りたい用があるから、今日の夕がた来て下さい」との文言なり。と答へたり○太郎は二郎のよく読み、又よくわかりたるを見て大いに誉めたり

## ✲一〇六頁〜一〇八頁の解読文

（旧字は常用漢字に直した）

むかし信濃の国に一人の「かりうど」あり○ある日山にて一ぴきの大猿をつかまへて家にかえれり○あすの朝は此猿の皮をはぎ町にもちゆきてうらん、と思ひ、猿の手足をしばりて「はり」へつるし、おのれは其わきへねむりたり

夜、枕、目、親、火、皆、孝行
夜ふけになりて、何やら枕もとにて物おとするに、「かりうど」はふと目をさましたり○枕をあげてわきを見れば、いつのまにか多くの小猿がきて、「はり」につるされし親猿のまはり

を取まき居たり○其小猿の中には、しばられたる親猿の手足をさするもあり、又「ゐろり」の火に手をあたゝめて、ひえたる親猿のからだをこするもあり、皆親猿のていを見て、なきかなしめり○「かりうど」は此ていを見て、大いにかんじ、子猿の孝行をあはれみて親猿の「なは」をとき、はなしやりけり

祖父は此話を、はなしをはりて。猿は「けだもの」なれども親孝行をします、まして人は、親に孝行をしなければなりません。といへり

## ✻一二二頁〜一二五頁の解読文

（旧字は常用漢字に直した）

童蒙必読　二編

維新　御布告往来

東京　思明楼蔵版

吾妻《あづま》は名詮《みやうせん》自称《じしやう》にて。今《いま》や其音《そのね》の東天紅《とうてんこう》。皇《くわう》居《きよ》となりし東京府《とうけいふ》。変《かは》る賑《にきわひ》弥増《いやまさ》る。昨日《きなふ》京都《きやうと》府《ふ》其儘《そのまゝ》に。別《べつ》に内裏《たいり》を遷《うつ》し江《ゑ》の。此《こゝ》に戸《と》ざゝぬ泰平《たいへい》を。御代万歳《みよばんぜい》と異《い》口同音《くどうをん》。人大坂府《ひとおおさかふ》三津《みつ》ながら。何《いつれ》も高《たか》く棟上《むねあげ》の。大《だい》

区《く》小区《せうく》に番号《ばんがう》の。調密《てうみつ》したる人家《じんか》より。小細《こまか》に書《かき》し仮名暦《かなごよみ》。八将《はつしやう》しん心一化《しんいつくわ》して愚説《ぐせつ》に惑《まど》はぬ陽暦《やうれき》に。改《あらたまり》しは理《ことはり》にて。千万年《いつまで》変らぬ。子《ね》の月《つき》が。第一月《だいいちげつ》の祝月《いわひづき》。三ン五七八十十二。此七月《このなゝつき》は一月《ひとつき》の。日数《ひかず》三十一日。之《これ》をは大《だい》の月《つき》と云《いひ》。四六九十一此四月《このよつき》は。一月《ひとつき》三十日。之《これ》を小《せう》の月《つき》と云《いふ》。二月計《はかり》が日数只《ひかずたゞ》。廿八日平《へい》の月《つき》。合《あは》して三百六十五。丸《まる》一年《ねん》に立返《たちかへ》る。年《とし》の始《はじめ》も冬《ふゆ》にして。三ン月

よりの春《はる》なれば。四《し》季《き》は跨《またぎ》になる神《かみ》の。音《おと》づれ通《かよ》ふ鐘声《かねのね》に。隙《ひま》なき昼夜《ちうや》二十四時《よじ》。古《ふる》き称《となへ》の九時《こゝのつ》を。十二時《じ》として朝夕《あさゆふ》の。六時《むつ》は今《いま》でも六時也《ろくじなり》総《すべ》て時数《じすう》の遇《ちやう》なるは。従前《じやうぜん》の時《とき》にして。奇《はん》は即其半《すなはちそのはん》なる。例《れい》せば一時《いちじ》の半数《はんすう》は。旧《ふるき》称《となへ》の九時半《こゝのつはん》。二時《じ》の重数是八《ちやうすうこれやつ》時なり。其《その》他推《ほかおし》て知《しる》るべき耳《のみ》。正午《ひる》十二時《じ》を央《なか》にして。他時《たじ》の前後《ぜんご》にふ

り分《わけ》の。髪《かみ》の毛程《けほど》も爽《たがは》さる。長短《ちやうたん》なしの午時過《ひるすぎ》より。夜《よ》の十二時《じ》に至《いた》る迄《まで》。午後《ごご》の何時《なんじ》と之《これ》を云《いひ》。夜《よ》の一時《じ》より午時前《ひるまへ》を。午《ご》前何時《ぜんなんじ》と之《これ》を云《いひ》。同時《とうじ》の名《な》をは分《わか》つ也《なり》。扠《さて》ドンタクは。皆一六啻《みないちろくただ》その中《うち》に軍務校《ぐんむかう》。七曜中《しちようちゆう》の日曜日《にちようび》。英語《ゑいご》に之《これ》をソンデイと。優美《ゆうび》に移《うつる》時津風《ときつかぜ》。枝《えだ》もならさぬ千秋《せんしう》の万歳万民《ばんぜいはんみん》自主自由《じしゆじゆう》。外《ほか》に交《まじは》る各国《かくこく》の。上に輝《かゞや》く日《ひ》の本《もと》ハ神《かみ》の後裔《みすえ》の八百万《やほよろづ》。四海《しかい》に溢《あふ》る皇威《みいきほい》。盛大繁昌《せいだいはんぜう》。日《ひ》に増《まさ》る。開化《かいくわ》の方今《いま》こそ尊《たふと》けれ

御布告往来《ごふかうわうらい》二編終

## ✻一三〇頁～一四二頁の解読文

（旧字は常用漢字に直し、適宜読点・返り点を付した）

定

一、人たるもの、五倫之道を正しくすへき事

一、鰥寡孤独・癈疾之ものを憫むへき事

一、人を殺し、家を焼き、財を盗む等之悪業

あるましく事
慶応四年三月　太政官
右被㆓
仰出㆒之趣、堅可㆓相守㆒もの也
長野県庁

**✻一四六頁～一七六頁の解読文**
（旧字は常用漢字に直し、適宜読点・返り点を付した）

定
一、火事出来の時、みたりに
駈集るへからす、但役人差図の
ものは、各別たるへき事
一、火事場へ下々相越、理不尽に
通るにおゐては、御法度之旨
申きかせ通すへからす、承引
なきものは搦捕へし、万一
異儀に及は丶、討捨たるへき事
一、火事場其外、いつれの所にても、
金銀・諸色ひろひとらは、奉行所江
持参すへし、若隠置、他所より
あらはる丶においては、其罪重かる
へし、たとひ同類たりといふとも
申出る輩は、其罪をゆるされ、
御褒美下さるへき事
右条々可㆓相守㆑之、若於㆓相背㆒は
可㆑被㆑行㆓罪科㆒者也
正徳元年五月日　奉行

## 江戸かな一覧

【あ】安 

阿 

【い】以 

【う】宇 

【え】衣 

盈 

【お】於 

【か】加 

可 

閑 

【き】幾 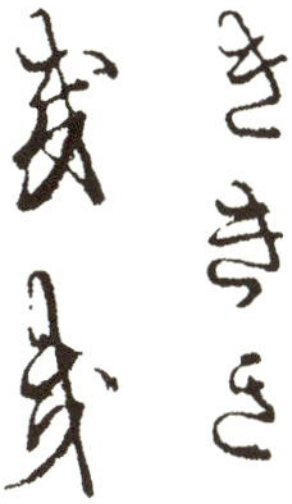

起 

支 

【く】

久

具

【け】

計

个

遣

希

気

【こ】

己

古

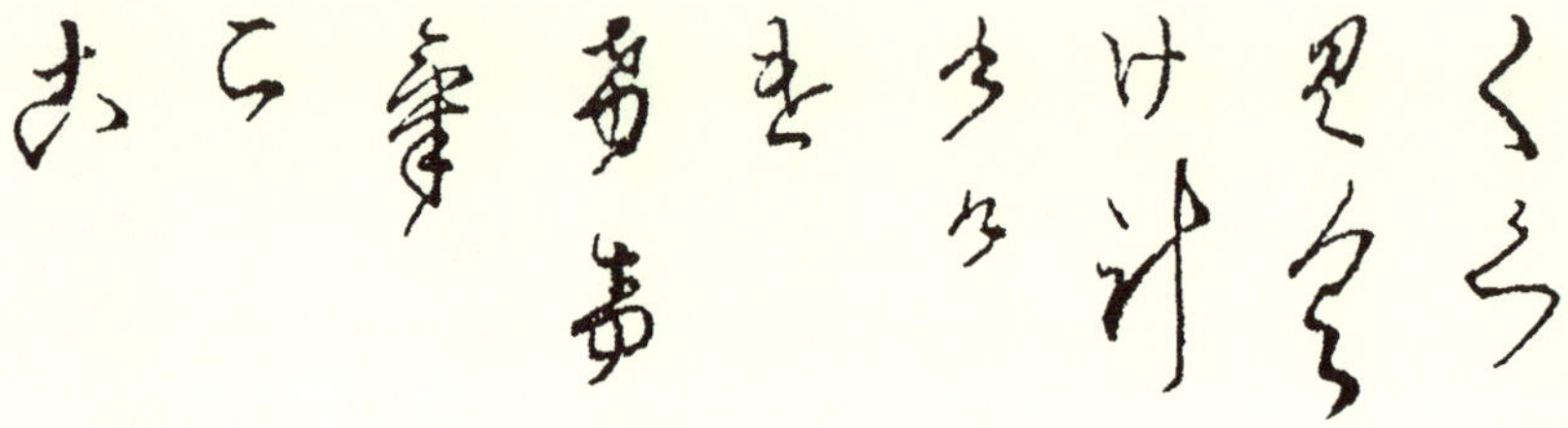

【さ】

左

佐

【し】

之

志

【す】

寸

須

春

【せ】

世

勢

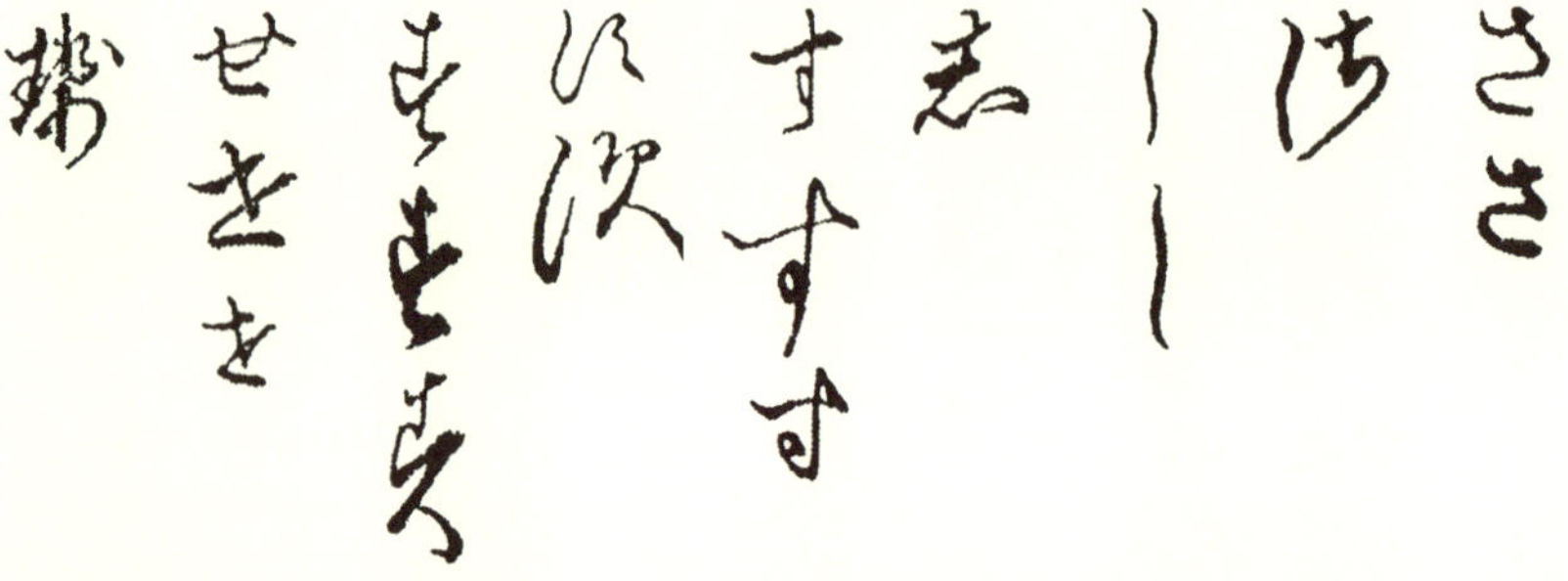

【そ】曾 楚 【た】太 多 堂 【ち】知 地 【つ】川 徒

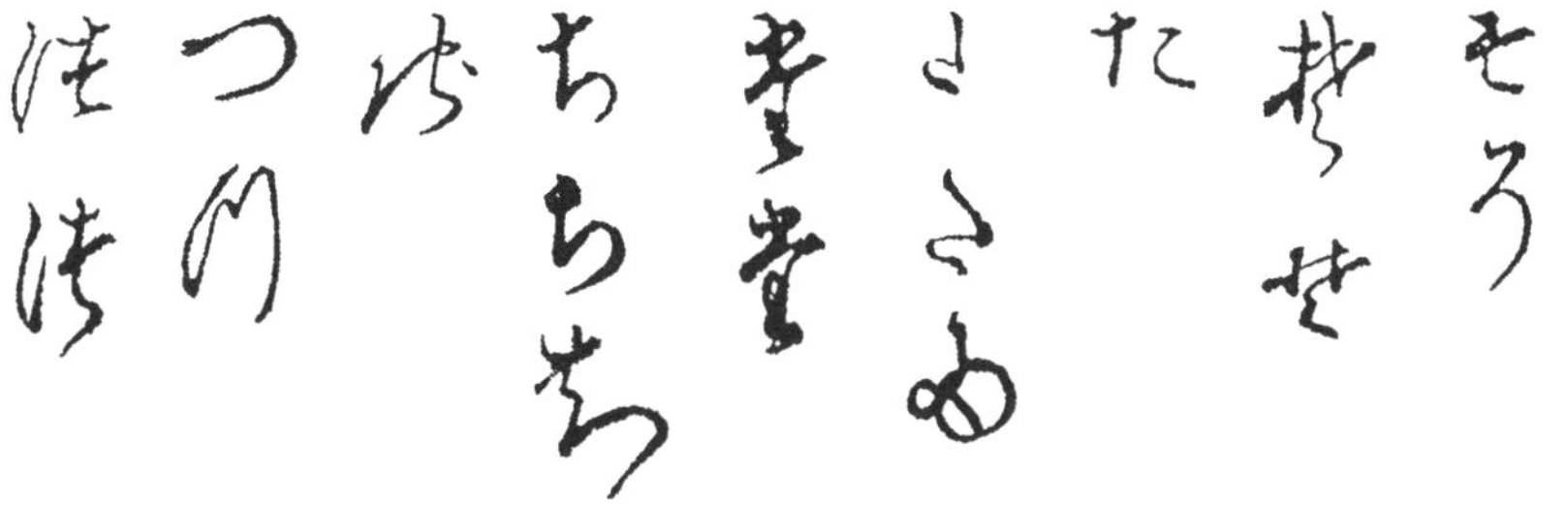

津 都 【て】天 帝 【と】止 登 【な】奈 那 【に】仁

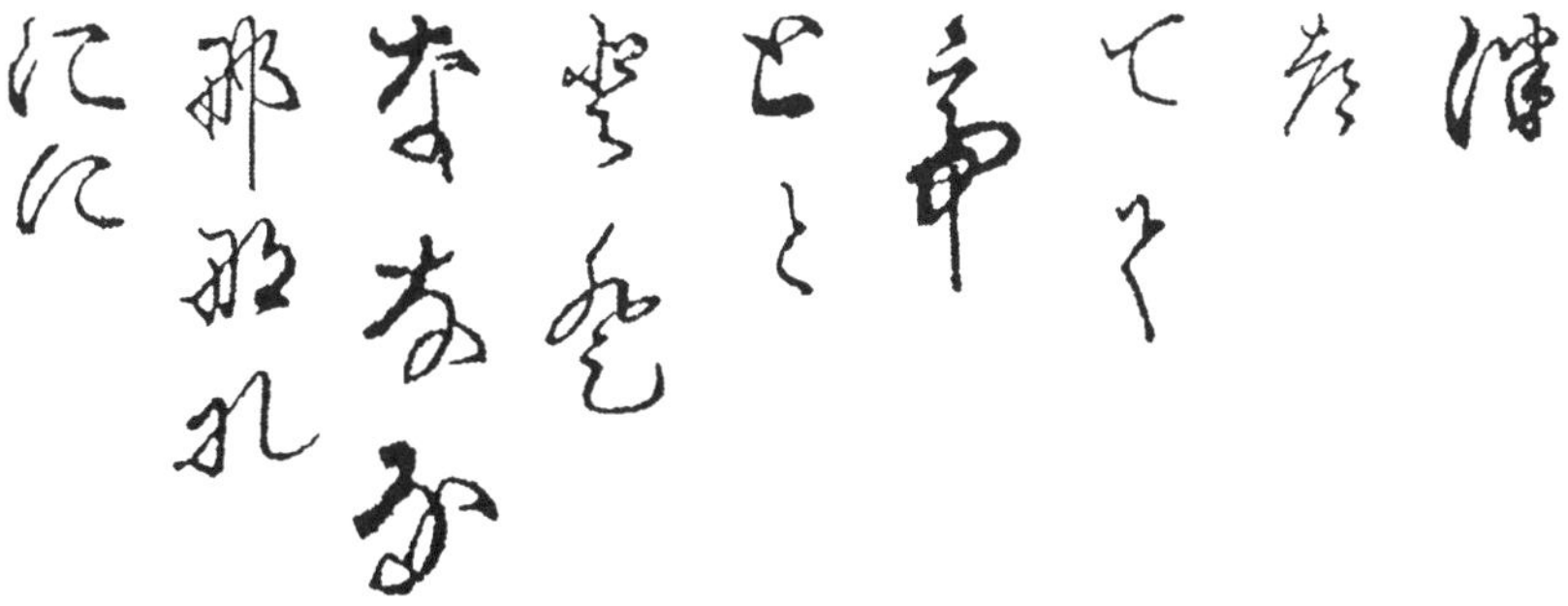

爾（尔）
丹
耳
【ぬ】奴
怒
努
【ね】禰（祢）
年
【の】乃

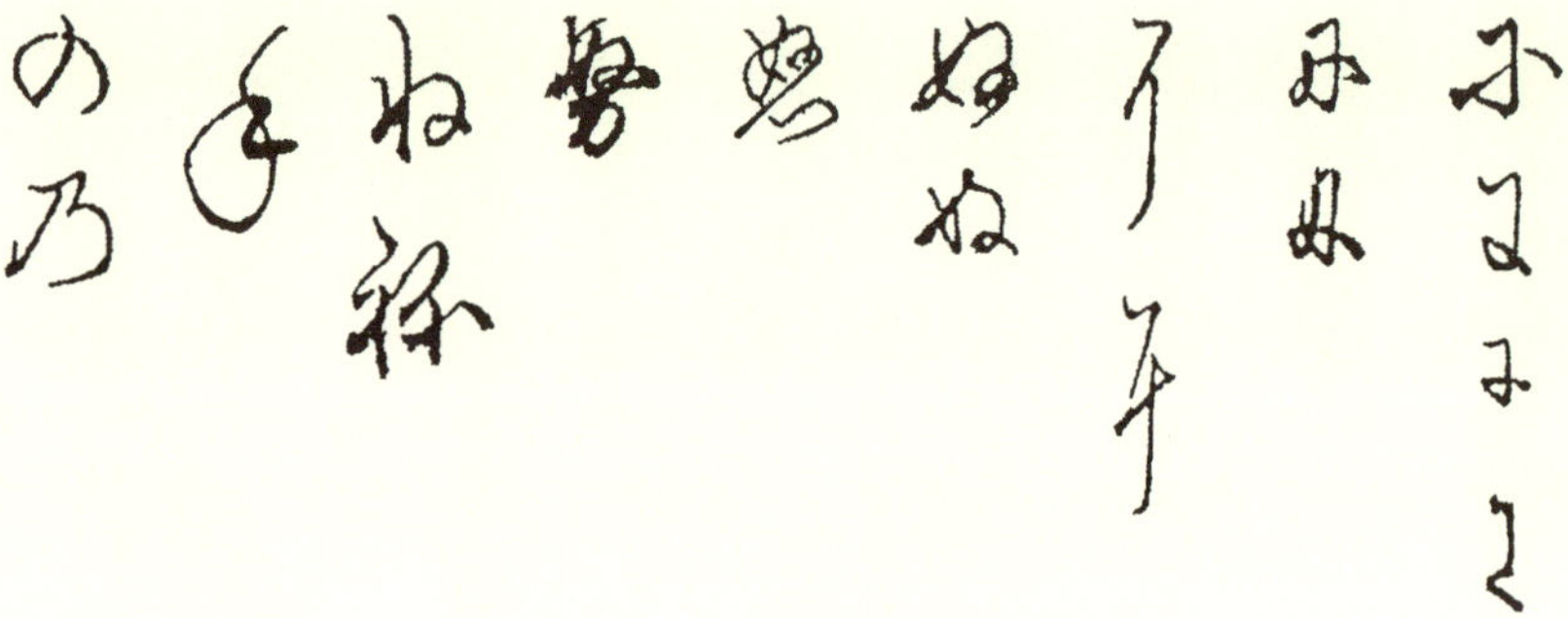

能
農
濃
【は】波
者
八
盤
半
【ひ】比

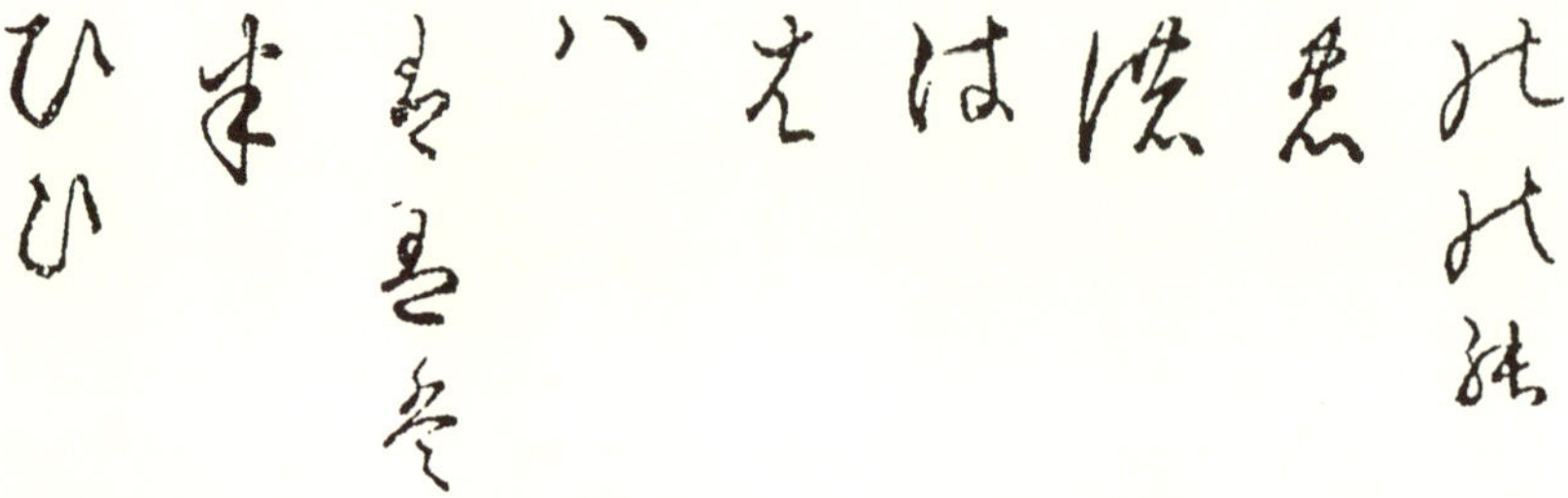

飛
悲
【ふ】不
布
婦
【へ】部
遍
【ほ】保
本

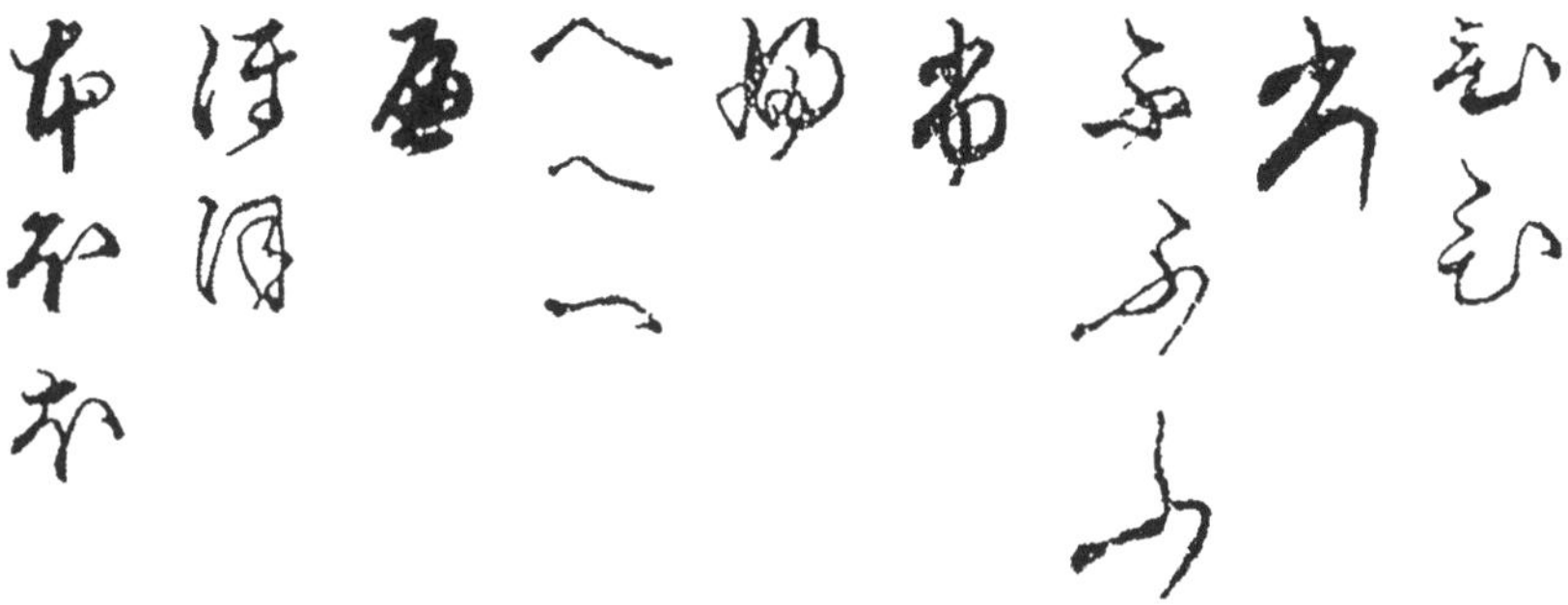

【ま】末
満
万
【み】美
三
見
【む】武
無
舞

【め】女

免

【も】毛

裳

母

【や】也

屋

【ゆ】由
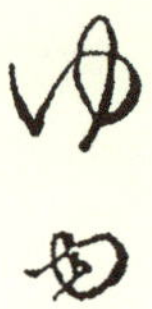

遊

【よ】与

【ら】良

羅

【り】利

里

李

理

梨

【る】留

累 類 流

【れ】 礼 連

【ろ】 呂 路

【わ】 和 王

【ゐ】 為 井

【ゑ】 恵 衛

【を】 遠 越

【ん】 无

吉田　豊（よしだ　ゆたか）

❖

1933年，福島県生まれ．
1955年，國學院大学文学部卒業．
生涯学習１級インストラクター（古文書）．
文京学院大学生涯学習センター講師．

主な編著書

『江戸かな古文書入門』（柏書房，1995年）
『寺子屋式　古文書手習い』（柏書房，1998年）
『街なか場末の大事件』（柏書房，1999年）
『犬鷹大切物語』（柏書房，1999年）
『大奥激震録』（柏書房，2000年）
『江戸服飾史談』（芙蓉書房，2001年）
『古文書で読み解く忠臣蔵』（柏書房，2001年）
『江戸のマスコミ「かわら版」』（光文社新書，2003年）
『寺子屋式　古文書女筆入門』（柏書房，2004年）
『寺子屋式　続古文書手習い』（柏書房，2005年）

古文書《こもんじょ》をはじめる前《まえ》の準備講座《じゅんびこうざ》

❖

2008年６月25日　第１刷発行
2011年３月15日　第２刷発行

❖

著　者――吉田　豊
発行者――富澤凡子
発行所――柏書房株式会社

〒113-0021　東京都文京区本駒込 1-13-14
Tel.03-3947-8251（営業）
03-3947-8254（編集）

装幀者――山田英春
組　版―― i-Media　市村繁和
印刷所――壮光舎印刷株式会社
製本所――株式会社ブックアート

❖


ISBN978-4-7601-3332-1 Printed in Japan